はじめに

　文字、数、英語を学ぶことが小さな娘たちにとって、「どうしたら楽しくてわくわくするかしら?」とカードを作ったり、一緒に英語の歌をうたったり、ひらがなのしかけ絵本を作ったりしたのは、もう30年以上も前のことでした。二人の娘たちは、それぞれ母になり、今、私は0歳、1歳、2歳、3歳の4人の孫の「ばあば」です。

　娘たちの時は、カセットテープで英語の歌を聞いて一緒にうたったり、数少ない数字やひらがなの絵本をひざにのせて読んだりしていました。

　今、孫たちは世界中から発信された動画を自分たちで選んで見て、スマートフォンをタッチして、ゲームアプリを楽しんでいます。子どもを取り巻く環境が大きく変わり、子どもが接する情報の多さにとても驚きます。ただ、環境は大きく変わっても、好奇心いっぱいのわくわくどきどきの表情は、かわいらしく、たくましく、こちらを幸せにしてくれます。

　この本は、楽しく「文字、数、英語」などに取り組めるアイディアを集めました。子どもたちの好きそうな活動や、保育者のやりやすいものから取り組んでみてください。このアイディアをきっかけにどんどんアレンジしてください。そして、子どもたちのわくわくどきどきを大切に、大きく育てていただけたらと思います。

わだ ことみ

この本の使い方

この本の読み方や使い方を示しています。日々の活動の中に文字や数、英語などのあそびを取り入れて、楽しく学べる機会を作りましょう。

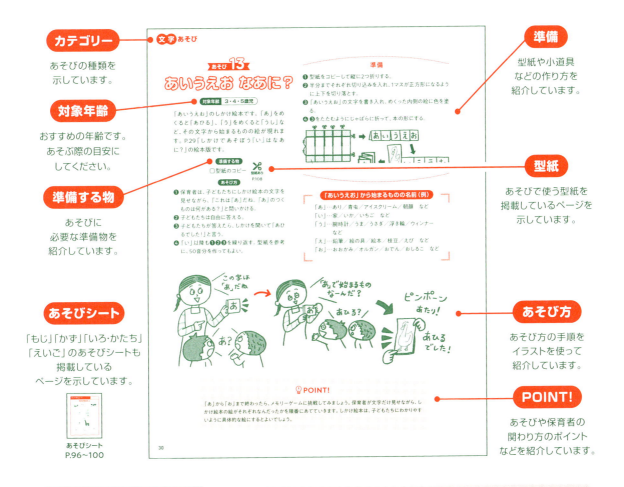

カテゴリー
あそびの種類を示しています。

対象年齢
おすすめの年齢です。あそぶ際の目安にしてください。

準備する物
あそびに必要な準備物を紹介しています。

あそびシート
「もじ」「かず」「いろ・かたち」「えいご」のあそびシートも掲載しているページを示しています。

あそびシート
P.96〜100

準備
型紙や小道具などの作り方を紹介しています。

型紙
あそびで使う型紙を掲載しているページを示しています。

あそび方
あそび方の手順をイラストを使って紹介しています。

POINT!
あそびや保育者の関わり方のポイントなどを紹介しています。

折り図の記号

山折り線　—・—・—・—
谷折り線　— — — — —

巻末のあそびシートとあそびで使う型紙はこちらからダウンロードすることもできます！

https://www.hoikucan.jp/book/mojisuasobi/index.html

CONTENTS

はじめに …………………………………… 2
この本の使い方 …………………………… 3

楽しくあそんで学ぶ
文字・数から広がるあそび

文字や言葉、数や数量、色や形を楽しむ
文字・数あそび ………………………… 10

文字・数あそび
年齢別子どもの姿と対応ポイント ……… 14

ひらがなや言葉に興味をもつ
文字 であそぼう

あそび1	風、風、吹けー …………… 16
あそび2	指人形で あいうえおあいさつ ………… 17
あそび3	あたまをなでなで ………… 18
あそび4	まねっこあそび …………… 19
あそび5	あいうえおっほほ〜 ……… 20
あそび6	歩いて！止まって！ ……… 21
あそび7	何を食べているのかな？ … 22
あそび8	これなあに？ ……………… 24
あそび9	お名前なあに？ …………… 26
あそび10	しかけカードで反対言葉 … 27
あそび11	ジェスチャーで反対言葉 … 28
あそび12	しかけであそぼう 「い」はなあに？ …………… 29
あそび13	あいうえお なあに？ ……… 30
あそび14	しりとりドッカーン！ …… 31
あそび15	てんてんつけたら なあに？ … 32
あそび16	あいうえお・かきくけこを 見つけよう！ ……………… 34

あそび17	ひらがなお絵描き	35
あそび18	ひらがなを作ろう	36
あそび19	早口言葉	38
あそび20	お手紙を書こう	39
あそび21	なぞなぞであそぼ！	40
あそび22	ぐるぐるしりとりカード	41
あそび23	何を書いたの？	42

順序・数・量など、数の概念にふれる
数であそぼう

あそび24	並べてみよう	44
あそび25	いくつ入ってる？	45
あそび26	積み木が逃げるよ	46
あそび27	体を動かして1、2、3 －数唱－	47
あそび28	かえるの歌で数えよう	48
あそび29	つみつみゲーム	50
あそび30	数字お絵描き	51
あそび31	魚釣り	52
あそび32	タオルのしっぽ取り	53
あそび33	何回手をたたいたかな？	54
あそび34	1ぽんと1ぽんで2ほんになって	56
あそび35	くじ引きで数字	58
あそび36	数字カードであそぼう❶	60
あそび37	数字カードであそぼう❷	62
あそび38	数字のところへ行こう	64
あそび39	点結びをしよう	65
あそび40	指を入れてあそぼう	66
あそび41	数字を作ろう	68

| あそび42 | 大きさ比べ | 69 |
| あそび43 | 長さ比べ | 70 |

観察力や感受性をはぐくむ
色・形であそぼう

あそび44	カラーボールであそぼう	72
あそび45	塗り絵で色を覚えよう	73
あそび46	色を探して触ろう	74
あそび47	形を作ろう	75
あそび48	色画用紙にタッチ！	76
あそび49	色カード取り	77
あそび50	丸をいっぱい描こう	78
あそび51	形でお絵描き	80
あそび52	○△□で何作る？	82

歌や手あそび、カードで親しむ
英語であそぼう

あそび53	アルファベットソングであそぼう	84
あそび54	英語の曲に合わせて手あそび	85
あそび55	英語で数の歌をうたおう	86
あそび56	体や顔のパーツを英語で言おう	88
あそび57	体を動かして英語で数えよう	89
あそび58	ブロックで色の名前を覚えよう	90
あそび59	アルファベットカードであそぼう❶	92

あそび60	アルファベットカードで あそぼう❷ …… 93
あそび61	アルファベットカードで あそぼう❸ …… 94
あそび62	アルファベットを探そう …… 95

あそびシート

「もじ」の あそびシート
❶「ひらがなさがし」（あ行・か行）…… 96
❷「ひらがなさがし」（さ行・た行）…… 97
❸「ひらがなさがし」（な行・は行）…… 98
❹「ひらがなさがし」（ま行・や行）…… 99
❺「ひらがなさがし」（ら行・わ行）…… 100

「かず」の あそびシート
❶「1〜10の てんむすび」…… 101
❷「1〜15の てんむすび」…… 102

「いろ・かたち」の あそびシート
❶「ぬりえで いろを おぼえよう」…… 103
❷「なにに なるかな？」…… 104

「えいご」の あそびシート
「アルファベットを さがそう」…… 105

あそびで使う型紙

指人形であいうえお あいさつ …… 106
しかけカードで反対言葉 …… 107

しかけであそぼう「い」はなあに？ …… 107	ぐるぐるしりとりカード …………… 116
あいうえお なあに？ ………… 108	かえるの歌で数えよう ………… 117
てんてんつけたら なあに？ ……… 109	くじ引きで数字 ………… 118
あいうえお・かきくけこを 見つけよう！ ………… 110	数字カードであそぼう❶、❷ …… 119
	指を入れてあそぼう ………… 121
早口言葉 ………… 114	アルファベットカードで
お手紙を書こう ………… 115	あそぼう❶、❷、❸ ………… 122
なぞなぞであそぼ！ ………… 115	

⚠️ 子どもたちと製作する場合の安全に関する注意事項

- 保育者の見守りの目がある中での紹介となります。本書で推奨される素材や道具については、この見守りの目がある中で使用されていることを想定しています。必ず保育者の目の届くところで行ってください。
- はさみを使う活動では、最初に使用時の注意点をよく説明し、使用している子どもから目を離さないでください。
- 誤飲・誤嚥・誤食につながる小さな素材の扱いには、十分ご注意ください。
- 描画材、粘土、のりなどの直接体にふれるものは、アレルギー等に注意してください。また、使用後は必ず手を洗うようにご指導ください。
- ひも、またはひも状のものを使用する場合は、子どもの手指や首、体に巻きつかないように注意してください。
- ブルーシートなどを使用する場合は、子どもが頭からかぶったり、顔を覆ったりしないように注意してください。
- 道具の設置やあそび場の設営などをする場合は、倒れたり外れたりしないように注意してください。

楽しくあそんで学ぶ

文字・数から広がるあそび

文字や言葉、数や数量の比較、ものの形や色
など、子どもたちの身の回りには、知的好奇心を
くすぐる要素がたくさんあります。「お勉強」として
ではなく、日々の生活やあそびへの取り入れ方、
楽しみ方について解説します。

文字や言葉、数や数量、色や形を楽しむ
文字・数あそび

あそびを通して文字や数などを知るきっかけを作れば、子どもたちは楽しみながら学んでいきます。
保育者は、「教えなければ」と力まず、子どもたちと一緒にわくわくしながら保育を行いましょう。

幼少期は楽しくあそぶことから

子どもにとって、あそぶことがすべての原点です。あれもやってみたい、これも触ってみたい、わくわく、どきどきの好奇心は、本当にすばらしいです。子どもの心は、いつも好奇心でいっぱいです。

文字や数の活動も、「おもしろそう！ やってみたい！」と思うことが一番大切です。ここでは、あそびや日常生活の中で、言葉、文字、表現といった言語活動、数や比較といった数量的な認識、形や色を楽しめるアイディアを取り上げました。

本当の学力を身につけるためには、特に小学校高学年以降は、自分から取り組む、「勉強っておもしろいな、もっとやってみたい！」という自主的な気持ちが一番重要です。そして、その知的好奇心や自主性は、幼少期からの日々の積み重ねではぐくまれます。

歌やダンス、あてっこで楽しもう

子どもにとって、つまらないことを強いられる、これほど嫌なことはありません。大人だってそうです。子どもは無理にやらせようとすると、必ず拒否反応を示します。では、どうしたら楽しくなるのでしょうか。

例えば、名前の文字に対して、
♪ことみちゃんの「こ」は、こんにゃくの「こ」
♪ことみちゃんの「と」は、とうもろこしの「と」
♪ことみちゃんの「み」は、みみずの「み」
と、リズムをつけながらダンスをしたり、さらに、こんにゃくやとうもろこし、みみずになりきってまねっこしたりすると、子どもは興味を抱きやすいでしょう。

すでに文字に親しんでいる子どもなら、例えば体や手でひらがなの「し」の文字を作ったり、保育者が子どもの背中や手に「し」の文字を書いたりして、「今、なんという文字を書いたかな？」と聞いてみましょう。

体を使って、好きなこと、例えばダンスや体操をしながら数えたり、楽しいあそびの中に、知育のエッセンスを入れたりします。数の認識も文字と同様に、子どもが興味をもてるよう、関わり方を工夫してみましょう。

例えば、ペットボトルのふた5個を2つの紙コップのどちらかに入れ、紙コップをふせて動かし、

「どっち、どっち？　どっちに入っている？」と子どもに尋ねます。子どもが正解したら、紙コップからふたを取り出して、今度は「さあ、いくつ入っているかな？　数えるよ」とふたを数えます。あてっこあそびの中に、数の要素を入れると盛り上がります。わざわざ教えたり、覚えたりする必要はありません。子どもが楽しんでいることの中に知育要素を入れるだけです。子どもたちの生き生きとした表情は、こちらまで幸せにしてくれるでしょう。

創造力と自由な発想で楽しく

　自由な創造力、発想力は、どうやったら身につくのでしょうか。幼少期から、指示されたこと、与えられたことをやっていて、早く、正確にやることばかりを周りから期待されたら……、間違いなく創造力、発想力は育ちません。

　創造力、発想力は、何にも縛られない自由でゆったりとした時間の中で、心が解放されていることが必要です。そして、何より子どもの生き生きとした個性、感受性に親や保育者が共感して寄り添っていくことで養われます。

　すべての子どもは輝く個性をもっています。例えば、おばけの話をしてみます。おばけのまねをすると、「キャーッ」と言って逃げ出す子、涙を目にためながらもしっかり聞いている子、「全然こわくなーい」と言う子、おばけをやっつけようと向かってくる子、本当にたくさんの姿があって、みんな違っています。ありのままの個性が輝いているのです。

　文字や数も、「お勉強」ととらえるのではなく、もっといろいろあっていい、保育者が子どもの個性に寄り添って、子どもの目がきらきら輝く方法を考えましょう。

　例えば、数唱でも、子どもたちが円になり、1、2、3、4……と順番に数字を言います。2と5と8の子は泣きまねして言ったり、2回目はおもしろいポーズをして数字を言ったりするなど、子どもたちと相談してルールを作ると楽しいです。

　方法はたくさんあります。ここで紹介しているあそびは一例にすぎません。保育者だからこそ、子どもたちのことを一番よく知っていて、子どもたちが輝く方法も知っていると思います。ここでの紹介例をどんどんアレンジして、オリジナルの知育あそびを考えてみましょう。

子どもはみんな花丸！

　「お勉強」となると、文字が読めた・読めないとか、数えることができた・できないといったことが気になってしまいます。しかし、ここで大切なのは、できた・できないの結果にとらわれないことです。〇や×は必要ありません。子どもが楽しくやっている、チャレンジしている時は、「この紙飛行機、よく飛んですごいね。工夫したところはどこかな？」「お花が喜んでいるね、〇〇ちゃんが水やりしているからだね」などと、子どもががんばっている姿を認め、具体的にたくさんほめてください。自分から取り組む姿勢がすばらしいのです。子どもは存在そのものが、いつも大きな花丸です。

　私はたくさんの家庭向け知育ドリルを執筆してきました。ドリルは〇をつけても、×は絶対つけないでほしいと思っています。子どもの好きなページから始めて、常に指示通りにやらなくてもよいと思います。子どもが笑顔でいること、それがすべてです。「文字や数って楽しいなあ」「何だかもっとやってみたいな！」と、子どもが生き生きとしていればよいのです。

子どもの心に寄り添って

　子どもの能力を伸ばす秘訣は、子どもが好きなことに集中して好きなだけやれる環境を設定することです。そのために大切なのは、子どもの気持ちに寄り添い、ひとつひとつの言葉を丁寧に受け止め、尊重することだと思います。乳児でも、いろいろな思いがあり、感じています。小さいからこそ、感受性がとても豊かです。自尊心もあります。それを大切にしていくことで、信頼関係が生まれます。家族や保育者との、温かい信頼関係という太い根っこがあって、能力は初めて大きく伸びて花が咲きます。この根っこのないところに能力は伸びません。

保育者も笑顔で楽しんで

　「文字や数を教えよう」と思うと、急に肩に力が入ったりしませんか？　教えようとするのではなく、保育者自身が一緒に楽しもうとわくわくしていると、子どもたちにも、その気持ちが伝わります。保育者の笑顔と子どもたちの笑顔は連動します。子どもたちが「やりたくない〜」と言ったら、「い、いし、しか、かめ、次は何かな？」としりとりをしたり、ほかのあそびにしたり、体操しながら「あいうえおー」などと言ったりして、楽しく切り替えてください。

失敗から学べることがいっぱいある

　これから先の人生において、子どもたちは難しい問題にチャレンジする中で、様々な困難にぶつかることがあるでしょう。うまくいかないことがあるかもしれませんが、実は、失敗することはすばらしく、がんばっているからこそ、失敗して悩んでいるのです。失敗を客観的に分析することで、多くのことを学べます。

　私はこれまで、幼児から高校受験や大学受験の生徒さんまで教えてきました。その経験の中で、難しくて嫌だなあと思ったり、テストに失敗したり、できないことに直面したりする場面をたくさん見てきました。

　でも、うまくいかない時こそ、伸びる時です。テストだって、時間配分が間違っていた、自分はここができないんだなと弱点がわかります。
「失敗しても大丈夫、本当にがんばった。またチャレンジすればいいんだ」と気持ちを切り替え、あきらめずに挑戦する力強さをもつことのほうが、よい点数をとることより大切なのです。

　小さい頃から、できても、できなくても優しく見守り、応援してくれる大人、保育者や家族がいること。大失敗して泣き出しても、「大丈夫！　ここまでよくがんばったね。次はできるよ！」としっかりと抱きしめてくれ、いつもエールを送ってくれる心の港があるからこそ、子どもは困難でもチャレンジでき、成長していくのです。

色や形も日常の生活の中で

　形や色は、身の回りにあるもので確認するといいですね。三角のおにぎりを食べる時は、「かくかく三角おにぎりさん！　まるまるまんまるおにぎりさん！」などと言葉かけをしたり、お散歩の時も「あっ！　オレンジ色発見！　オレンジ色のお花だね」など、色を発見するお散歩も楽しいです。身の回りにはたくさんの色や形があることに気づくと、世界が広がります。

色の名前を覚えたら、ブロックや色紙を使って「これは何色かな?」と次々聞き、早く答える色あてゲームも盛り上がります。また、丸を作って望遠鏡に見立て、のぞき込んで「見つけた! 黒いよー! からす発見!」など、見えたものの色や形や名前を言うゲームも4・5歳児ならできます。

子どもの豊かな感性、発想を大切に

色の名前を覚えるにはクレヨンがぴったりです。1・2歳児でも、一緒にクレヨンを持って丸を描いて「赤い丸。何になるかな? 緑の葉っぱがくっついて、ぐるぐる塗ったら、りんごさん」と一緒にお絵描きするとうれしそうにします。

また、3歳を過ぎると、自分の好きな色、形も出てきます。「どんな色が好きかな?」「どんな形が好きかな?」と聞いてみましょう。塗り絵は、必ずしも指定された色で塗らなくても大丈夫です。かえるを虹色やピンクに塗っても大丈夫。「緑のかえるもいるけど、〇〇ちゃんのかえるはいろいろな色が入っていて素敵!! 〇〇ちゃんのピンクのかえるちゃん、かわいいー!」など、自由な表現をほめてください。四角に1本の棒が突き出た強いかぶとむし、角だけが2本で体のない迫力のあるくわがたなど、心で見たものをそのまま描くことができる天才です。子どもは小さな生き物や変化にも感動する心をもち、その感受性の豊かさにこちらが驚くことがよくあります。

色、形を無理に教えようとしたり、「かえるは緑に塗らなくてはいけない」といった考え方を伝えたりするのはやめましょう。色、形を教えることと矛盾しているようですが、周りには様々な色や形があって楽しい、お気に入りの色や形があるともっとうれしい、という気持ちを伝えるのが一番だと思います。

英語は歌や手あそびから

英語は、歌や手あそびから入ると取り組みやすいで

す。日本語でもよく知られている「メリーさんのひつじ」「幸せなら手をたたこう」なども、もともと "Mary Had a Little Lamb" "If You're Happy and You Know it" という英語の歌が原曲になっています。メロディーが同じなので、これらの歌は、英語でも日本語でも歌いやすいです。

英語はリズムが大切なので、ぜひ、この本をきっかけに、動画などでネイティブの発音の英語の歌や、手あそびの歌も調べて親しんでみましょう。

また、単語も数や色、動物、食べ物の名前など、子どもたちが日常でも耳にする英単語から始めるといいですね。

アルファベットと数のカードもあるので、カルタ取りのように、保育者がアルファベットを言って、子どもがカードを取るゲームなど、いろいろ活用してください。

あそびシートとカードの使い方

この本の96ページ以降には、あそびシート、型紙などを掲載しています。どれも活動と連動しています。あそびシートは子どもの人数と保育者の分もコピーします(P.3の二次元コードからダウンロードもできます)。最初に保育者がやって手本を見せると、子どもたちもやり方を理解しやすいです。

シートは〇、×はつけません。終わったら、空いているスペースにお絵描きなどをしてもよいでしょう。

また、「あいうえお」のシートなら、シートを見せて「ありの『あ』、いぬの『い』、うしの『う』、エビフライの『え』、おうさまの『お』だね」と言って、子どもにシートを裏返してもらい、「『あ』は何だったかな?」と記憶力ゲームもすると楽しいです。

この年齢は学習のスタート地点。あそびシートやカードも、「おもしろかった。もっとやってみたいな!」とわくわくする好奇心を子どもがもてれば、もう花丸です。保育者は、子どもたちが自由に「学び」を発展させ、好きなことを見つけ、楽しんでいけるよう、援助していきましょう。

\文字・数あそび/
年齢別子どもの姿と対応ポイント

0・1歳児

- 保育者からの言葉かけやスキンシップが中心になります。まだ立ったり、歩いたりが難しい時期は抱っこをして、1・2歳児の活動を一緒に見る時間を作りましょう。
- 擬音・擬態語に興味を示すので、お腹をぐるぐる触りながら「ぐるぐるぐる」などと言葉かけしたり、こちょこちょこちょとくすぐったりすると喜びます。スキンシップをしてから始めるとよいでしょう。
- この時期は歌が大好きです。満面の笑顔でリズムに合わせて体を動かしたり、手あそびのまねもしたりします。保育者がたくさん歌って、歌で言葉、数に親しめるようにしましょう。

2・3歳児

- 活発になってジャンプしたり、走ったりするようになります。体操をしながら、「あいうえおー」と言ったり、「数えながら〇回ジャンプしてみよう」など、体の動きと言葉や数を結びつけたあそびを取り入れましょう。
- 絵本も大好きで、語彙が増える時期です。何文字か読み始める時期なので、ひらがなの表、数字の表を保育室の壁などにはっておくとよいでしょう。指さししながら読んだり、「ことみちゃんの『こ』はどこにあるかな?」などと、名前と関連づけた文字探しを楽しんだりします。

4・5歳児

- 文字や数の認識がどんどん進みます。ゲームのルールもわかるようになるので、ひらがなのカード、数のカードを使ったゲームもおすすめです。
- 言葉あそびのしりとりや早口言葉、だじゃれも好きなので、絵本も活用するとよいでしょう。「『ぽぽんた』を反対から読むとなあに?」など、少し難しい問題にもチャレンジできます。
- 5つのものが数字の「5」と対応しているといった、数と数字の対応を理解するようになります。数える時は必ず実際のものにふれながら数えましょう。積み木やペットボトルのふたなどをランダムに並べ、「いくつあると思う?」などと問いかけ、子どもが予想してから、一列に並べて数えるとよいでしょう。

ひらがなや言葉に興味をもつ

「文字」であそぼう

あそびの中にひらがなや文字を取り入れる
ことは、子どもの語彙力や表現力を豊かにする
ことにつながります。子どもたちがひらがなに
ふれる機会を作りましょう。

文字あそび

あそび1
風、風、吹けー

対象年齢 0・1歳児

大きな段ボール板を使って、強い風と弱い風を作ります。子どもたちに向けて風を送ると、みんな大喜び。強い、弱いや、ゴーゴー、そよそよなど、擬音・擬態語も意識しながら楽しめます。

準備する物
☐ 段ボール板（50×60cm程度・段ボール箱を利用してもよい）

あそび方
① 保育者は、段ボール板を振って風を起こす。
② 風を表現したり、強弱を表したりする言葉を言いながら、いろいろな風を作る。
③ ①②を繰り返す。

POINT!

段ボール板を振って風を送る時、「ビュービュー」や「そよそよ」など、擬音・擬態語を意識した言葉かけをするだけで、風を感じて楽しむ単純なあそびが、言葉を意識したあそびに変わります。ここでは0・1歳児を対象にしていますが、2歳児以上の場合は、普段のあそびも、文字を強調する工夫があれば、知育あそびになり、幅が広がります。

あそび 2
指人形であいうえお あいさつ

対象年齢 0・1歳児

0・1歳児はぬいぐるみや指人形が大好きです。子どもに見せながら、保育者が話しかけてみましょう。言葉をかける時は、オーバーに声色を変えるのがポイントです。指人形は、動物の絵を描いた丸シールを指に直接はるタイプと、一体型で指にかぶせるタイプがあります。

準備する物
- 丸シール（直径2〜2.5cm）
- 油性ペン
- 型紙のコピー

型紙あり P.106

あそび方
1. 保育者は、子どもと向かい合う。
2. 指人形の要領で動かしながら、「〇〇ちゃん、あいうえおはよう」などと話しかける。
3. 園にある小さなぬいぐるみや指人形を使っても楽しい。

言葉かけ（例）
「かきくけこんにちは」「まみむめみなさん」
「さしすせさようなら」「やゆよでよろしく」
「たちつてともだち」「らりるれラッキー」
「なにぬねにこにこ」「わをんでわらって」
「はひふへホホホ」

POINT!
0・1歳児には、あそびながら、たくさん言葉をかけたり、話しかけたりすることが大切です。リズムをつけて、「♪かきくけこんにちは」「♪さしすせさようなら」「♪たちつてともだち」「♪なにぬね にこにこ」など、指を動かしながら進め、最後は子どものお腹をこちょこちょすると大喜びします。

準備

[丸シールタイプ]
丸シールに油性ペンで、パンダやねこなど動物の顔を描き、指にはる。

[指にかぶせるタイプ]
型紙をコピーして動物に色をつけるなどし、指にかぶせる。

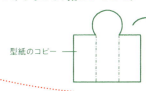

〇〇ちゃん あいうえ おはよう

わをんで わらって こちょ こちょ

 文字あそび

あそび 3

あたまをなでなで

対象年齢 0・1・2・3・4・5歳児

体を触ったり、くすぐったりしてスキンシップを取りながら、体の部位を覚えるあそびです。0・1歳児は、保育者がひざにのせて抱っこをしながら行います。

あそび方

保育者は子どもと向かい合って座り、「とんとんとんとん ひげじいさん」（作詞不詳／作曲：玉山英光）の替え歌をうたいながら子どもの体をタッチしていく。

♪
**なでなでなでなで
あたまさん**

両手をグーにして、ぐるぐると頭を優しくなでる。

♪
**つんつんつんつん
ほっぺさん**

人さし指で両方のほおをつんつんする。

♪
**きゅっきゅっ
きゅっきゅっ
おみみさん**

両耳を軽くつまむ。

♪
**くんくんくんくん
おはなさん**

一方の人さし指で鼻にふれる。

♪
**もぐもぐもぐもぐ
おくちさん**

一方の手のひらであごのあたりを触る。

♪
**こちょこちょ　こちょこちょ
おなかさん**

お腹をこちょこちょする。

💡 POINT!

ほかにも、肩や背中、お尻、足でもやってみましょう。はじめに、「とんとんとんとん ひげじいさん」を歌い、その後で「今度はみんなにタッチ！」と言って進めるとスムーズです。

18

あそび4
まねっこあそび

対象年齢 0・1・2・3・4・5歳児

子どもたちがカレーの材料になって、まねっこしてあそびます。材料の名前を認識し、「トントントン」や「ぐつぐつ」など、材料を切ったり料理をしたりする時に表す擬音・擬態語にも親しめます。

準備する物
☐ ビニールテープ

準備
床にビニールテープをはる（鍋に見立てた形を作る）。

あそび方
❶ 保育者は、「今日はカレーを作るよ！ カレーにはどんな材料がいるかな？」と子どもたちに問いかける。
❷ 子どもたちから、「たまねぎ！」「お肉！」などと返ってきたら、一人一人にカレーの材料の名前をつけ、子どもたちは材料役になる。
❸ 子どもたちは、「はーい、たまねぎです」「にんじんでーす」などと言いながら、その材料の形のポーズをとる。0・1歳児は保育者のひざの上にのせ、一緒に体を揺らしながら材料の名前を言う。
❹ 保育者は、「トントントン、切りまーす」と言い、材料の子どもを切るまねをする。
❺ 「たまねぎさん」「にんじんさん」「お肉さん」と、材料名を呼ばれた子は、鍋の中に入る。
❻ 最後は、子どもたちが「ぐつぐつ煮えたよ」と言って鍋の中でジャンプする。

💡 POINT!
このほかにも、メニューをサラダに変えて、トマトやレタス、キュウリ、ブロッコリー、ゆで卵などの役になっても楽しいです。保育者が切るまねをして、子どもたちは最後にみんなでジャンプをしながらボウルに入ります。

あそび5

あいうえおっほほ～

対象年齢 1・2・3・4・5歳児

ひらがなの50音を、顔の表情や声など、感情を入れ、おもしろおかしく表現していくあそびです。オーバーリアクションでやってみると、子どもたちも盛り上がり、大喜びします。

準備する物

□50音表（市販のもので可）

準備

50音表を壁などにはる。

あそび方

1. 保育者は50音表を子どもたちに見せながら、「今日はひらがなを使ったあそびをするよ。この表はみんな知ってる？」と問いかける。
2. まずは、「わらってわらってあいうえおー」とリズムをつけて言いながら、とっておきの笑顔をみんなに見せる。50音表の文字をさしながらやってもよい。
3. 子どもたちは保育者のまねをして、一緒に楽しむ。
4. 50音順に、どんどんやってみる。

POINT!

リズムをつけて言うのがポイントです。50音の「あいうえお」のところはゆっくりと大きな声で。笑ったり、怒ったり、泣いたりなど、表情を作るところはオーバーにすると楽しいです。

ひらがな50音の言い方（例）　ほかにも、おもしろい表現を子どもたちと考えてみましょう。

「♪わらって
わらって
あいうえおー」

大笑いしている表情で。

「♪（おこって）
かっかきー！
く～！
け～、こらー！」

怒った表情で。

「♪さびしい
さ～し～す～せ～、
そ～なんだ」

さびしそうな表情で。

「♪たのしく
たたたん、たん
たちつて
とんとん」

楽しい表情で。

「♪なきむし
なんだ　わらったよ
な～に～ぬ～ね～
のりのり」

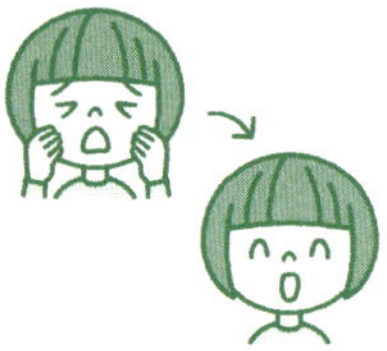

泣き顔をしてから、うれしい表情で。

「♪はっくし
ょんかぜひき
はひふへ
ごほごほ」

風邪を引いた時の表情で。

「♪まいった
まいった
まみむめもっちり」

困った表情で。

「♪やだ
やだやだやだ～！
やゆよ～」

ぐずっている表情で。

「♪らんらんらん
らりるれダンス
ろんろんろん♪」

楽しくダンスで。

「♪わをん
うんうんうん、
わをんで
なっとく　うん」

うんうんとうなずいて。

あそび 6
歩いて！止まって！

対象年齢 1・2・3・4・5歳児

「走る」「止まる」「跳ぶ」「泳ぐ」など、様々な動きの言葉を、体で表現するあそびです。子どもの年齢や発達に合わせて、手や足の動き、難易度を臨機応変に変えてやってみましょう。

あそび方

① 保育者は「泳いで」と言いながら、両手で平泳ぎの動きをしながら歩く。子どもたちもまねをする。
② 保育者が「止まって！」と言ったら、ストップのポーズをしてその場でピタッと止まる。子どもたちもまねをする。
③ ①②を繰り返す。
④ 続いて、保育者は「跳んで！」と言い、その場でジャンプする。子どもたちもまねをする。
⑤ 再び、「止まって！」と言って、その場で止まる。
⑥ ほかにも、「回る」「しゃがむ」「片足で立つ」など、子どもたちとやってみる。

💡 POINT!

このあそび方は、おもに2・3歳児向けです。4・5歳児には、片足跳びでぴょんぴょんとジャンプしたり、ダンスをしたりするなど、難易度を上げてやってみてもよいでしょう。1・2歳児には、「歩いて」「止まって」程度の簡単な動きで、動作もゆっくりやってみましょう。

文字あそび

あそび 7
何を食べているのかな？

対象年齢 2・3・4・5歳児

保育者は、食べ物をイメージして食べているまねをして、クイズを出します。ヒントを言ったり、「ぺろぺろ〜」「ガリガリ」など、食べている時の様子や音も表現すると盛り上がります。

あそび方
① 保育者は、「さあ、何を食べているか、あててね〜！」と言い、例えば、うどんを食べるまねをする。ヒントに「白くて長〜いよ」など、最初の文字を言う。
② 4・5歳児の場合は、子どもがクイズを出す役になり、ジェスチャーをする。

💡POINT!
食べるジェスチャーは、アイスクリームなら、「冷た〜い！ バニラ味だ〜！」など、味や食べる音をヒントに入れたりします。もし、子どもが「かき氷！」などと想定と違う答えを言ったら、「そうだね〜、かき氷も冷たいよね！ ほかにもあるかな？ もう一度考えてみようね」と言葉をかけます。

食べるジェスチャーのバリエーション

アイスクリーム

トウモロコシ

カレーライス

バナナ

あそび 8
これなあに？

対象年齢 2・3・4・5歳児

顔の部分の名称を覚えます。保育者が紙に穴を開けて顔に当て、子どもが見える体の部位の名称を言います。4・5歳児の場合は、子どもが交代して行います。

準備する物
☐ コピー用紙（A4）など

あそび方

1. 保育者は紙を顔にあてて片目でのぞき、「これは何でしょう？」と子どもたちに投げかける。
2. 子どもたちは自由に答える。
3. 子どもが答えたら、「そう、目だね」と体の部位の名称を入れた言葉をかける。
4. 鼻や口、あご、耳などでも同様にやってみる。
5. 4・5歳児の場合は、子ども同士でやってみる。まずは「あれあれ、誰かな～？」と言って、誰が紙で隠れているかを聞く。
6. 子どもが答えたら、保育者は、「そうだね。○○ちゃんの鼻だね！」などと体の部位の名称も入れた言葉をかける。

準備

コピー用紙を半分に折り、図の位置を切り抜いて開く。

💡 POINT!

この活動に限らず、4・5歳児の場合は、保育者が最初にやったら、今度は子どもたちが出題者になります。「○○先生、お願いしま～す！」と、子どもに先生役になってもらうと盛り上がります。一人で緊張するタイプの子どもは、保育者と一緒にやって、発表する機会を少しずつ増やすとよいでしょう。

あそび 9
お名前なあに?

対象年齢 2・3・4・5歳児

保育者がインタビュー形式で子どもに名前を聞き、名前が語頭になる言葉について、みんなで考えて発表するあそびです。手始めに、保育者の名前からやってみてもよいでしょう。

準備する物
☐ 紙芯(または画用紙) ☐ 色紙(黒)

あそび方
1. 保育者は、子どもを一人ずつ前に呼び、「あなたのお名前は?」と、マイクでインタビューする。
2. 聞かれた子が、「ことみです(例)」と答える。
3. 保育者は「ことみちゃんの『こ』はこまの『こ』。ことみちゃんの『と』はとまとの『と』。では、ことみちゃんの『み』はなんの『み』?」とみんなに聞く。
4. 子どもたちは、思い浮かべた言葉をその場で言っていく。

準備
紙芯の一方に丸めた色紙をのせ、テープでとめる。

POINT!
名前以外の言葉でもチャレンジしましょう。例えば、「ねこ」なら「♪ねこの『ね』は、ねずみの『ね』。ねこの『こ』は、こまの『こ』だね」とアレンジして、ジェスチャーも加えます。

あそび 10
しかけカードで反対言葉

対象年齢 2・3・4・5歳児

P.28「ジェスチャーで反対言葉」のバリエーションです。しかけカードを作って、絵を見ながら対応する反対言葉を言い当てるあそびです。

準備する物
☐ 型紙のコピー
型紙あり P.107

あそび方

① 保育者はしかけカードをたたんだ状態で子どもたちに見せながら、「短いへびだね。『短い』の反対言葉ってなんだ?」と問いかける。
② 子どもたちは、口々に思いついた言葉を言う。
③ 「正解は……、ジャーン! 『長い』でした」と言って、しかけカードを広げて見せる。何度も折ったり、開いたりする。
④ 同様に、ほかのしかけカードでやってみる。
⑤ 4・5歳児は、慣れてきたら2人1組になって、問題を出し合って楽しむ。

準備

型紙のコピーに色を塗り、図のように3つ折りにする。

折り線に沿ってたたむ

型紙の例

「短い」↔「長い」(へびの長さ)
「少ない」↔「多い」(てんとうむしの数)
「細い」↔「太い」(木の太さ)
「小さい」↔「大きい」(雲の大きさ)

💡 POINT!

しかけカードは「長い、短い、長い……」と何度も折ったり、開いたりして、絵替わりも楽しみます。2・3歳児には保育者が作り、4・5歳児なら一緒にカードを作るところから行いましょう。

あそび 11
ジェスチャーで反対言葉

対象年齢 3・4・5歳児

「大きい」↔「小さい」などの反対言葉を、ジェスチャーを使ったあそびで楽しみます。身近な言葉から始めてみましょう。

準備する物
□段ボール箱

あそび方
① 保育者が「反対言葉って知ってる？」と問いかける。
② 保育者は、両手両足を大きく開いて、「『大きい』の反対言葉はなーんだ？ 体を使ってやってみて」と問題を出す。
③ 子どもたちは、体を小さく縮めて、「小さい」と言う。
④ 同じ要領で、ほかの反対言葉でやってみる。
⑤ 慣れてきたら、2人1組になって、反対言葉の問題を出し合って楽しむ。

POINT!
発展として、反対の意味の言葉はこのほかにも、「長い↔短い」「寒い↔暑い」「重い↔軽い」などがあります。子どもと一緒に楽しいジェスチャーを考えましょう。

両手を開いたり、閉じたりする。

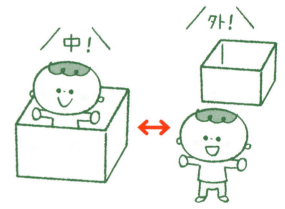

段ボール箱を使い、子どもが中に入ったり出たりする。

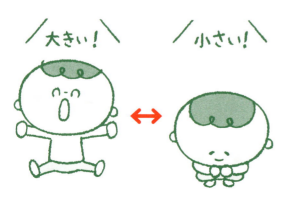

両手両足を大きく開いたり、体を小さく縮めたりする。

その場で速く走るまねをしたり、ゆっくり動いたりする。

あそび 12
しかけであそぼう 「い」はなあに？

対象年齢 3・4・5歳児

「い」の文字を開くと、いぬが現れます。「い」から始まるものの名前を、クイズ形式で楽しみましょう。型紙は「い」だけですが、50音すべて作っておくと、子どもたちはひらがなにより慣れ親しむことができます。

準備する物
□ 型紙のコピー　型紙あり P.107

あそび方

❶ 保育者はしかけを子どもたちに見せながら、「みんな、これはなんて読む字かな？」と問いかけ、「『い』から始まるものは何がある？」とクイズを出す。文字が読めない場合は、「○って読む字だよ」と言って、興味をもてるようにする。文字の読解には個人差があるので配慮する。
❷ 子どもたちはあれこれ考える。
❸ わかった子どもは手を挙げて答える。
❹ 答えが出揃ったら、「ジャーン！ 先生の「い」はいぬでした」と、しかけを開いて見せる。
❺ 型紙を参考に、ほかの文字でも作って行う。

> **「い」から始まるものの名前（例）**
> 糸／石／椅子／いか／いちご／いるか
> いくら／いい笑顔／いなずま　など

💡 POINT!
4・5歳児なら、保育者が文字を書き、あてはまる絵を子どもたちが描いてみるとよいでしょう。ひと通りあそび終わったら、P.30「あいうえお なあに？」のように、メモリーゲームに発展しても楽しいです。

準備
❶ 型紙をコピーして図のように折り、閉じた状態で文字を書く。
❷ ❶を開いて、絵に色を塗る。

型紙のコピー

あそび 13
あいうえお なあに？

対象年齢 3・4・5歳児

「あいうえお」のしかけ絵本です。「あ」をめくると「あひる」、「う」をめくると「うし」など、その文字から始まるものの絵が現れます。P.29「しかけであそぼう『い』はなあに？」の絵本版です。

準備する物
□ 型紙のコピー
型紙あり P.108

あそび方
1. 保育者は、子どもたちにしかけ絵本の文字を見せながら、「これは『あ』だね。『あ』のつくものは何がある？」と問いかける。
2. 子どもたちは自由に答える。
3. 子どもたちが答えたら、しかけを開いて「あひるでした！」と言う。
4. 「い」以降も❶❷❸を繰り返す。型紙を参考に、50音分を作ってもよい。

準備
1. 型紙をコピーして縦に2つ折りする。
2. 半分までそれぞれ切り込みを入れ、1マスが正方形になるように上下を切り落とす。
3. 「あいうえお」の文字を書き入れ、めくった内側の絵に色を塗る。
4. ❸をたたむようにじゃばらに折って、本の形にする。

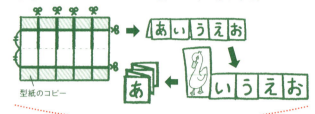

「あいうえお」から始まるものの名前（例）

「あ」…あり／青虫／アイスクリーム／朝顔　など
「い」…家／いか／いちご　など
「う」…腕時計／うま／うさぎ／浮き輪／ウィンナー　など
「え」…鉛筆／絵の具／絵本／枝豆／えび　など
「お」…おおかみ／オルガン／おでん／おしるこ　など

POINT!
「あ」から「お」まで終わったら、メモリーゲームに挑戦してみましょう。保育者が文字だけ見せながら、しかけ絵本の絵がそれぞれなんだったかを順番にあてていきます。しかけ絵本は、子どもたちにわかりやすいように具体的な絵にするとよいでしょう。

あそび 14
しりとりドッカーン！

対象年齢 3・4・5歳児

みんなで円になって、しりとりをしながらボールや風船を隣の子に渡していくあそびです。答える時間の制限を設けずにやってみましょう。

準備する物
☐ ゴムボールや風船など

あそび方

❶ 全員で円になって向かい合う。
❷ 保育者はゴムボールを持ち、「しりとり しりとり りんご！」と言って、左隣の子にゴムボールを渡す。
❸ ゴムボールを受け取った子は、「ごりら」などと言って、しりとりを続け、左隣の子にゴムボールを渡す。
❹ 以後、同様にしりとりを進めていく。途中で同じ言葉を言ったり、「ん」で終わる言葉を言ったりしたら、保育者が「ドッカーン！ 残念」と言って終了。間違えた子から、新たなしりとりを始める。

💡 POINT!

発展形のあそびとして、保育者が「果物！」と言ったら、次の子は「りんご」などと果物の名前を言っていくのも盛り上がり、たくさんの果物の名前を知ることにつながります。

あそび 15
てんてんつけたらなあに？

対象年齢 3・4・5歳児

濁音は難しいですが、「さる」→「ざる」のように濁音をつけると意味が変わる言葉を考えたり、「てんてんつけたら〜♪」とリズムにのったりして言葉あそびをするのもよいですね。

準備する物
☐ 型紙のコピー　☐ 画用紙

型紙あり P.109

あそび方
1. 保育者は「てんてんつけると言葉が変わるよ〜」などと言い、カードをたたんで、さるの絵を見せる。
2. 絵を開いて「ざる」を見せ、「さるがざるになったよ」と言う。
3. 「さる、ざる、さる、ざる……」と言いながら、カードを何度も開いたり閉じたりする。

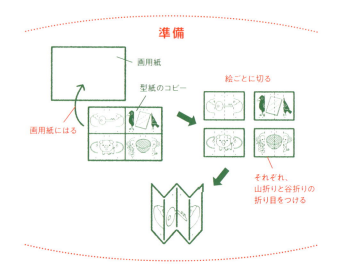

💡 POINT!

カードを使用しなくても、「♪ふく、ふく、『く』にてんてんつけるとなあに？」「ふぐ！」または、「♪たいこん、たいこん、『た』にてんてんつけるとなあに？」「だいこん！」など、リズムにのせれば、低年齢児も楽しめます。

型紙の例

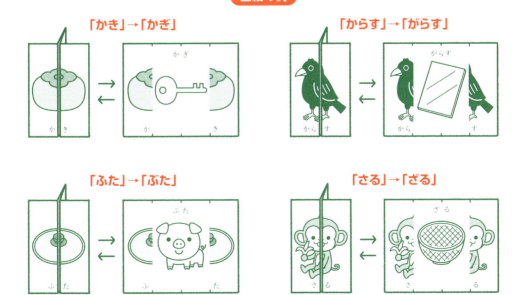

あそび 16
あいうえお・かきくけこを見つけよう！

対象年齢 3・4・5歳児

ひらがなを読めるようになったら、「もじ」のあそびシートを使ってひらがなと言葉を対応させ、「あいうえお」「かきくけこ」を見つけます。3歳児の場合は、保育者がシートを見せ、子どもたちと一緒に答えを考えるところから始めます。

準備する物
- あそびシート（1人1枚〈あいうえお、かきくけこ〉で人数分と保育者分）
- クレヨン（人数分）

型紙あり P.110〜113

あそびシート P.96〜100

あそび方
1. 子どもたち全員に、「あいうえお・かきくけこ」のあそびシートを配る（終わったら次のシートを配る）。
2. 保育者があそびシートを見せて、ありの中の「あ」を指でさし、○をつける。
3. 子どもたちは、そのひらがなを見つけたらクレヨンで○をつける。「いぬ」→「い」　「うし」→「う」　「えびふらい」→「え」　「おうさま」→「お」。同様に、「かきくけこ」の文字も見つける。

POINT!
4・5歳児の場合は、50音すべてに挑戦してみましょう。はじめに「『あ』で始まるものは何？」「ありだね。ありの中に『あ』があるよ」と、「あ・い・う・え・お」で始まる言葉を見つけてから取り組んでもよいでしょう。型紙のイラストを使って言葉カードなどを作り、あそびを広げましょう。

あそび 17
ひらがなお絵描き

対象年齢 3・4・5歳児

ホワイトボードに書いた文字が、その文字で始まる言葉の絵に変化するのを見て、文字や言葉に親しむあそびです。5歳児は、文字から絵になるように、あてはまりそうな言葉や絵を考えるところからやってみると一層楽しめます。

準備する物
☐ ホワイトボード

あそび方
❶ 保育者が「す・す・すーで始まる文字はなーんだ？」とリズムをつけて問いかけ、ホワイトボードに「す」の文字を書く。
❷ 子どもたちは「す」のつく言葉を思い浮かべ、それぞれ答える。
❸ 保育者は「すいかさーん」と言って、「す」の文字に絡めてすいかの絵を描く。
❹ ほかの文字でも同様にやってみる。

絵のモチーフ（例）

「う」…うさぎ

「く」…くり

「し」…しか

「に」…にわとり

「の」…のりまき

「ひ」…ひよこ

💡 POINT!
語頭のひらがなが、無理やりイラストに入っていると、かえっておもしろいです。ほかにも、作りやすい「へ」→「へび」、「そ」→「そば」、「つ」→「つき」など、子どもと一緒に考えましょう。

あそび 18
ひらがなを作ろう

対象年齢 3・4・5歳児

紙に書かれたひらがなの文字を、手や体、ものを使って形作るあそびです。作りやすい字のお題から始めてやってみましょう。

準備する物
☐ 画用紙　☐ リボンやひも、粘土など

準備
画用紙1枚につき1文字ずつ、ひらがなをペンなどで書く。文字はできるだけ大きく書くとよい。

手や体で文字を作る

あそび方

❶ 保育者はお題の文字を壁などにはる。
❷ 手始めに保育者が「最初は『し』だよ。しー!」と言って、一方の手で「し」の形を作り、見本を示す。
❸ 子どもたちは、まねをする。
❹ 「し」は「しまうまの『し』」だね。ほかには何がある?」などと問いかける。
❺ 同様に、ほかの文字でも、みんなでやってみる。「い」「く」「つ」「て」「へ」の文字が作りやすい。

ものを使って文字を作る

あそび方

1. P.36の「手や体で文字を作る」と同様に、お題の文字を、ものを使ってテーブルの上で作る。
2. お題が1画ならリボン、2画以上なら粘土を使うとよい。近くに文字の見本を置くとやりやすい。
3. 作った文字をみんなに発表しても楽しい。

POINT!

4・5歳児なら、保育者がそれぞれの子どもの名前をひらがなで大きく書き、子どもが粘土を細く棒状にして自分の名前を粘土で作ることに発展させてみましょう。ひらがなの形の認識につながります。

あそび 19
早口言葉

対象年齢 3・4・5歳児

早口言葉は、古くからある言葉あそびです。早口言葉カードを作れば、イメージがわいてさらに楽しくなります。これをきっかけに4・5歳児の場合は、ほかの早口言葉を調べたり、子どもたちとオリジナルの早口言葉を考えたりしてみましょう。

準備する物
□ 型紙のコピー　□ 画用紙

型紙あり P.114

あそび方
保育者が早口言葉カードを見せ、早口言葉を言う。はじめはゆっくり、慣れてきたら速く言う。

型紙の例
「赤パジャマ、青パジャマ、黄パジャマ」
「隣の客はよく柿食う客だ」
「かえるぴょこぴょこ　みぴょこぴょこ
　あわせてぴょこぴょこ　むぴょこぴょこ」
「生麦、生米、生卵」

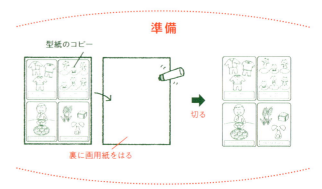

💡 POINT!
2歳前後の場合は、まだ早口言葉が言えないので、保育者が言って楽しむだけで十分です。早口言葉だけでなく、「ありが10匹 ありがとう」など、イラストも描いてだじゃれを言ってもおもしろいです。

お手紙を書こう

対象年齢 3・4・5歳児

画用紙などに文字を書いて手紙を作ります。1文字でもよいですし、絵を一緒に描いても。手紙ができたら、手作りポストに投函します。

準備する物
□画用紙やコピー用紙など □空き箱

型紙あり P.115

あそび方
1. 子どもたちに紙を配り、「今日はお手紙を書いてみるよ」と投げかけ、「手紙でどんなことを誰に伝えたい？」などのやり取りをする。
2. 子どもたちは、自由に文字を書いたり絵を描いたりする。
3. 保育者は、「〇〇ちゃんはどんなお手紙を書いたのかな？」などと言葉をかける。
4. みんなが書けたら、ポストに投函する。
5. 投函された手紙は、保育者が子どもに配ったり、保護者に渡したりする。
6. 発展形として、メッセージカードの形を動物にしてみたり、電車にしたりすると、子どもの「書きたい」気持ちが高まる。

【カードのバリエーション（型紙あり）】

準備

1. ポストは、空き箱の一部に手紙を入れる穴を切り抜き、赤色の画用紙をはる。保育者が手紙を取り出せるように、空き箱の底を開閉できるようにしておく。
2. ①を保育室の一角に置く。

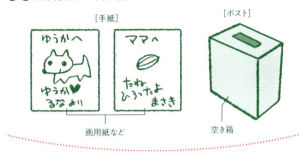

💡 POINT!

手紙は、書く相手を決めて、自分の思いを文章で伝える手段であることを伝えます。文字がまだ書けない子の場合は、保育者が子どもの言ったことを代筆するとよいでしょう。

あそび 21
なぞなぞであそぼ！

対象年齢 4・5歳児

なぞなぞやだじゃれは子どもの好きな言葉です。カードがあるとイメージをもちやすく、ヒントになります。4・5歳児なら、子どもたちと一緒になぞなぞを作りましょう。

準備

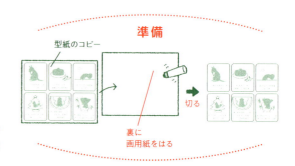

準備する物
□ 型紙のコピー　□ 画用紙

型紙あり
P.115

あそび方

❶ なぞなぞカードを見せながら、「いつも考えている動物はなーんだ？」と質問する。
❷ 子どもがわからない時は、「考えている、考えている、かんが……カンガルーでした！」と答えを言う。

💡 POINT!

なぞなぞはネットで調べるといろいろあるので、ほかにもトライしてください。「ありが10ぴきありがとう」「かえるが帰る！」などだじゃれもイラストを一緒に描くと楽しいです。

型紙の例

「いつも考えている動物は？」→「カンガルー」　「『ほっとけー！』と言う甘い食べ物は？」→「ホットケーキ」
「『ばったん！』と倒れる虫は？」→「バッタ」　「クリスマスツリーの中にいる動物は？」→「りす」
「すいかの中にいて、海が大好きな生き物は？」→「いか」　「木にのぼって『こらーっ！』と怒っている動物は？」→「コアラ」

あそび22
ぐるぐるしりとりカード

対象年齢 4・5歳児

しりとりカードを作って、言葉をつなげていくあそびです。右の型紙の例は、ずっと終わらないしりとりになるので、ぜひ試してみましょう。

準備する物
□ 型紙のコピー
型紙あり P.116

あそび方
1. 保育者はしりとりカードを見せながら、「みんなで、このカードを使ってしりとりをやろう」と言葉をかける。
2. 子どもたちは、5～6人のグループに分かれ、それぞれテーブルにつく。
3. 「しりとりになるように、絵をつなげていくあそびだよ」と言って、まずは保育者がやってみる。
4. 「こあら」→「らくだ」→「だちょう」……。
5. 子どもたちがやってみる。

準備
1. 型紙をコピーして裏に画用紙をはって色を塗り、しりとりカードを作る。
2. テーブルの上にしりとりカードを置く。

型紙の例
「こあら」→「らくだ」→「だちょう」→「うし」→「しか」→「かに」→「にわとり」→「りす」→「すずめ」→「めがね」→「ねこ」

💡 POINT!

しりとりカードは円形に並べていくと、最後にまた「こあら」に戻ります。「カードがつながって、丸い円になって終わらないね。不思議だね」と言葉をかけます。

41

あそび 23
何を書いたの？

対象年齢 5歳児

ある程度、文字に親しんでいる子には、背中に指で1文字をなぞり、あてるあそびをやってみましょう。なぞる1文字は、子どもの名前などがおすすめです。難しい場合には、「し」と「の」から始めるとよいでしょう。

あそび方
1. 保育者は、子どもの背中を、指で1文字なぞり、「なんて書いたかな？ ○○ちゃんの名前の中にもあるよ」などとヒントを出す。
2. 子どもは、何の文字かをあてる。
3. 慣れてきたら、子ども同士でやってみる。

POINT!
はじめに保育者が、例えば「しー」と言いながら、何文字か、子どもの背中に何回か書いて覚えられるようにします。「し」「つ」「て」「の」「へ」「り」など、1、2画の文字がわかりやすいです。

順序・数・量など、数の概念にふれる

「数」であそぼう

子どもは段階を踏んで数を理解していきます。
数字カードを使ったり、ゲームやクイズなどを
取り入れたりして、数に親しめるようにしましょう。

あそび24
並べてみよう

対象年齢 0・1歳児

身近な玩具を使って、ものを数えるあそびです。0・1歳児は、ものを容器に入れる行為が好きです。身近な玩具と容器を並べ、子どもたちが入れたら、1つずつ一緒に数えてみましょう。

準備する物
- 小さな玩具（あひるのゴム人形など）
- 玩具が入る容器

あそび方
1. 保育者は、床に玩具と容器を3〜10個並べる。並べる数は、子どもたちの理解度に合わせて変える。
2. 保育者が「1つ、2つ……」と言いながら、玩具を指で押さえ、玩具を1つずつ子どもたちに渡していく。
3. 子どもたちは、並んだ容器にそれぞれ入れていく。

💡 POINT!
容器の中に入れたら、入れたままひっくり返します。子どもに容器を開けてもらい、「あっ、あひるさんいたね！」などと言い、中に入っていることを一緒に再確認しましょう。

あそび 25
いくつ入ってる？

対象年齢 0・1・2歳児

1・2歳児は小さいものをつかんで箱に入れたり、投げたりするのが大好きです。ソフトブロックを紙パックやティッシュペーパーの空き箱に入れたら、いくつ入ったか、一緒に数えましょう。

準備する物
- □ ソフトブロックや積み木など
- □ 紙パックやティッシュペーパーの空き箱

あそび方
1. 保育者が空き箱を持ち、「1個入れてくださ～い！」などと個数を言い、子どもがソフトブロックを入れる。
2. いくつか入れたら、箱を揺らして子どもと一緒に中のブロックを出して数える。

💡 POINT!

0・1歳児は、ぽいぽい入れたがりますが、まだ数をかぞえられないので、保育者がかぞえます。小さいぬいぐるみや人形を大きめの紙袋に入れてもできます。

あそび26
積み木が逃げるよ

対象年齢 0・1・2歳児

積み木を1つずつ数えながら積み上げます。0・1歳児はまだうまく積めないので、保育者が1つずつ数えながら積んでいきましょう。最後に積み木を一気に崩すのが楽しいあそびです。

準備する物
☐ 積み木（タワーの玩具でも可）

あそび方
1. 保育者は、「1、2、3、4、5。5つの積み木さん」と言いながら、積み木を積み上げていく。
2. 積み上がったら、保育者が「5つの積木さんが逃げるよ。つかまえて」と言いながら、積み木タワーをその場からゆっくり移動させる。
3. 子どもは追って、積み木タワーを手で崩す。崩した時に保育者が「ドーン！」と言うと、子どもはいっそう喜ぶ。

💡POINT!
積み木との追いかけっこです。積み木の数を変えたり、積み木タワーをあちこちに速く動かしたり、「ツミキンジャー」などといった愉快な名前をつけると、さらに楽しくなります。

あそび27
体を動かして1、2、3 －数唱－

対象年齢 0・1・2・3・4・5歳児

体の動きに合わせて、数を唱えるあそびです。年齢や発達に合わせて、様々な動きで数字を「感じて」みましょう。

💡POINT!
0・1歳児は、途中で体をこちょこちょしてくすぐったり、頭や体をなでなでしたりしてアレンジします。3歳児からは、空手のようにかっこよく動き、大きな声を出してやってみましょう。

0歳児～

あそび方
1. 保育者は、子どもをひざの上に抱っこする。
2. 「おうまがパッカパッカ、1、2、3、4」とリズムを取りながら、かかとを上げ下げして馬に乗っているような動きをする。

2歳児～

あそび方
1. 保育者は、子どもと向かい合って座り、両ひざを曲げて足裏を床につける。
2. 保育者のかけ声で、「1」で足先を手前に動かし、「2」で前に倒す。
3. 「3」「4」も❷と同様にする。

3歳児～

あそび方
1. 子どもは、両足を肩幅くらいまで開き、腰を少し落として、両手を腰にあてて構える。
2. 保育者のかけ声で、「1」で一方の手をまっすぐ前に突き出して戻す。
3. 「2」で、もう一方の手で❷と同様の動きをする。
4. 「3」「4」「5」……と、左右交互にやっていく。

あそび 28
かえるの歌で数えよう

対象年齢 0・1・2・3・4・5歳児

「かえるの合唱」(ドイツ民謡　作詞／岡本敏明)の替え歌で、かえるの数をかぞえてみましょう。また、絵を見て、「2番目のかえるは寝ているね」などと、「〇番目」についても意識しましょう。絵をそのまま壁にはっておけば、普段から数をかぞえるきっかけになります。

準備する物
□ 型紙のコピー
型紙あり P.117

あそび方
① 保育者は壁にはった絵をさしながら、「みんな〜、かえるさんは何匹かな？」と子どもたちに聞く。
② 「歌いながら数えるよ〜」と言って、「かえるの合唱」の替え歌をゆっくりうたいながら、「1、2、3、4…」と数字の部分を指でおさえながら数える。
③ 歌い終わったら、4、5歳児なら「左から2番目のかえるさんは何をしているかな？」などと、順番について聞いてみる。
④ 「2番目はここだね！　寝ているね」などとやり取りする。「泣いているかえるさんは左から何番目？」などと聞いてもよい。

準備

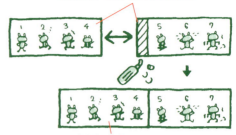

型紙をコピーして、切ってはり合わせる
色を塗り、壁などにはる。

💡 POINT!

0・1・2歳児の場合は、最初に替え歌ではない「かえるの合唱」を歌います。歌詞の最後の部分だけ「1、2、3、4、5、6、7」に替えてもよいでしょう。また、「1は1ぴきのぞう」「2は2ひきのライオン」「3は3びきのいぬ」など、数字や具体的な絵を壁にはっておくと、より数字を意識することができます。

〈替え歌の歌詞〉

かえるの かずを かぞえてみよう
1、2、3、4
1、2、3、4、5、6、7

あそび29
つみつみゲーム

対象年齢 1・2・3・4・5歳児

新しいトイレットペーパーの端をテープでとめてほどけないようにして積み重ねます。「高く積めたね！」などと言いながら、数もかぞえます。みんなで倒れるまで高く積むと盛り上がります。

準備する物
□ トイレットペーパー6〜8個

あそび方
❶ みんなでトイレットペーパーを積み上げ、数をかぞえる。
❷ 高くなったら保育者が積み、倒れたらまた繰り返して楽しむ。

準備

ほどけないように端にテープをはる

POINT!
トイレットペーパーは摩擦の力が大きいので、重ねても意外と崩れません。トイレットペーパーではなく、ティッシュペーパーの空き箱でもできます。その場合は、角をすべてつぶし、ぶつかっても危なくないようにしましょう。

⚠ トイレットペーパーが崩れた際に子どもにあたらないよう、少し距離を取るなど注意しましょう。

あそび30
数字お絵描き

対象年齢 1・2・3・4・5歳児

数字を絵に変化させていくあそびです。1・2・3歳児は、保育者が描く様子を見ながら楽しみ、4・5歳児は、一緒に絵を描きながら進めてみましょう。

準備する物
☐ホワイトボードなど

あそび方
1. 保育者は、ホワイトボードに数字の「1」を太めに書く。
2. 絵描き歌の要領で、「これは数字の1だよ。目とくちばし、翼（フリッパー）とあしでぺんぎんさん」と言いながら「1」に絵を描き足していく。
3. 同様に「2」以降もやってみる。

絵のモチーフ（例）

「2」 に！ くちばしと目 はねを描いたら はくちょうさん

「6」 ろく！ 目と耳を描いてピッピッピッ ぞうさん

「8」 はち！ 三角お耳に てんてん てんてん くるっとしっぽで ぶたさん

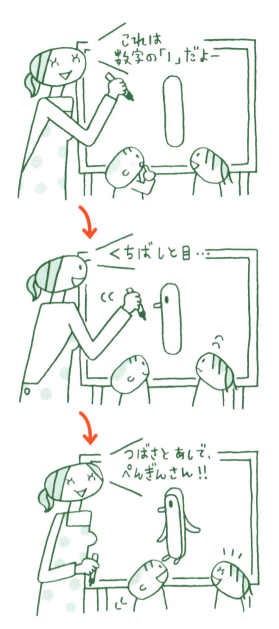

💡POINT!

自由な発想力も養われます。4・5歳児なら、「1」「2」「6」「8」の例であそんだ後に、「数字の3だよ。何になるかな？ たぬきかな、雪だるまかな？ 一緒に考えてみてね」などと言葉かけします。

魚釣り

対象年齢 2・3・4・5歳児

魚釣りをして、釣れた数を「1、2……」とかぞえます。チーム対抗戦にしても楽しいです。

準備する物
□画用紙 □空き箱 □ブルーシートなど

あそび方
1. 保育者は、「みんなで釣りをするよ。集まって」などと言葉をかけ、釣り竿と空き箱を子どもたちに配る。
2. 保育者が手本を見せ、釣り竿を、海の生き物の折りたたんだ帯に引っかける。
3. 子どもたちがまねをし、釣れたら空き箱に入れる。
4. 最後に、釣れた数をかぞえてみる。

準備
1. 画用紙を切り取り、魚やかに、たこ、かめなどを作る。目やうろこは描く。
2. 同様に、画用紙で釣り竿を作り、空き箱とともに人数分用意する。
3. 床にブルーシートを広げ、①をまく。

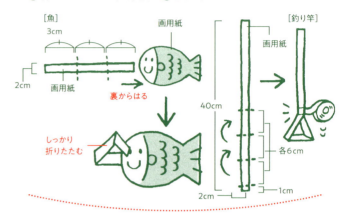

!POINT!
魚釣りは、子どもの大好きな活動です。釣って箱に入れた魚を「1、2、3……」と一匹ずつ箱から外に出して数えます。魚やかになど、製作する海の生き物は、子どもが塗り絵をしましょう。

あそび32
タオルのしっぽ取り

対象年齢 2・3・4・5歳児

しっぽを追いかけて取るゲームです。しっぽを取られた人数やしっぽが残っている人数をかぞえて、数に親しみましょう。

準備する物
☐タオル ☐笛

あそび方

1. タオルを細長くくるくる巻いてしっぽを作り、それぞれ服に挟む。
2. 保育者の笛の合図で、自分のしっぽが取られないように逃げながら、友達のしっぽを取りに行く。
3. しっぽを取られた子はその場にしゃがむ。
4. 保育者の笛の合図で終了し、しっぽが残っている子としゃがんでいる子の人数を、みんなで一緒に数える。

💡POINT!

ゲームが終わったら、しっぽを取った子どもに「何本取れたかな？ 数えてね」と数えるように言い、さらに「自分のしっぽも入れると、全部で何本かな？」と聞いて、足し算に発展させましょう。

あそび33
何回手をたたいたかな？

対象年齢 2・3・4・5歳児

保育者が手をたたき、何回たたいたかを子どもが答えるあそびです。カスタネットやタンバリンなどを使ってもいいですね。2歳児の場合は、何回かは聞かず、保育者と一緒に手をたたくパートだけを行いましょう。

あそび方

❶ はじめに保育者が回数を言い、子どもたちと一緒に手をたたく。

❷ 「大きく3回 1、2、3」と大きな声で言い、手を3回たたく。続いて、「小さく4回 1、2、3、4」と小さな声で言い（身振りも小さく）、4回たたく。

❸ 次に保育者がたたいた回数を、子どもが答える。最初は「パン、パン、パン、パン」と手をたたきながら声も出す。年齢によって回数を調整する。ゆっくりたたいたり、5歳児の場合は速くたたいたりしてもよい。

💡 POINT!

手をたたく時、大きな声で身振りも大きくし、小さくたたく時は小さな声で身振りも小さくします。ゴリラのまねをして「ゴリラだよ!」と胸をドン、ドン、ドンとたたいて、何回たたいたか質問したり、ねこのまねをして「ニャオ、ニャオ」と何回鳴いたか聞いたりするなど、バリエーションも広がります。

数あそび

あそび34
1ぽんと1ぽんで 2ほんになって

対象年齢 2・3・4・5歳児

「1ぽんと1ぽんで」(外国曲　作詞／不詳)の替え歌を使った手あそびです。足し算の歌を、指を使いながらうたいます。手あそびの歌ですが、2歳児の場合は聞くだけでも。3歳以上児は一緒に手あそびをしましょう。

あそび方

❶ 導入として、保育者は指で1〜5まで数える。指を出して「何本かな?」と子どもに聞く。
❷ 「1ぽんと1ぽんで」の替え歌を、手あそびしながら歌う。

❶ いっぽんと
人さし指を立てて前に出す。

❷ いっぽんで
もう一方の手も❶と同様に前に出す。

❸ にほんになって
両手を同時に左右に揺らす。

❹ にほんと
人さし指と中指を前に出す。

❺ にほんで
もう一方の手も❹と同様に出す。

❻ よんほんになって
両手を同時に左右に揺らす。

❼ さんぼんと
人さし指と中指と薬指を前に出す。

❽ さんぼんで
もう一方の手も❼と同様に出す。

❾ ろっぽんになって
両手を同時に左右に揺らす。

❿ よんほんと
親指以外を前に出す。

⓫ よんほんで
もう一方の手も❿と同様に出す。

⓬ はっぽんになって
両手を同時に左右に揺らす。

⓭ ごほんと
すべての指を広げて前に出す。

⓮ ごほんで
もう一方の手も⓭と同様に出す。

⓯ じっぽんになって
両手を同時に左右に揺らす。

⓰ おばけになっちゃった ヒュ〜〜
両手をぶらぶらさせ、おばけのまねをする。

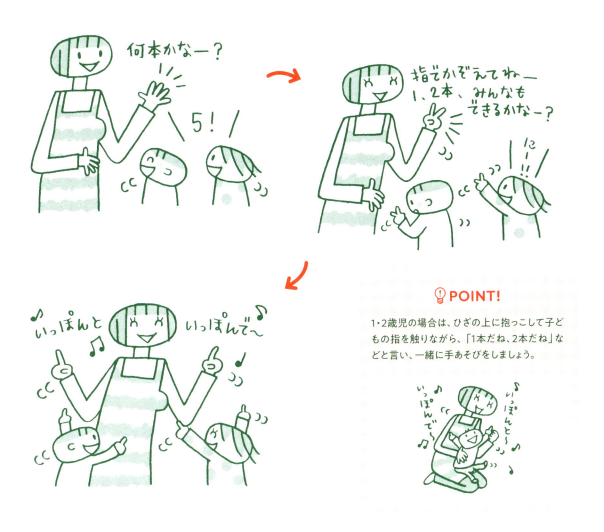

POINT!

1・2歳児の場合は、ひざの上に抱っこして子どもの指を触りながら、「1本だね、2本だね」などと言い、一緒に手あそびをしましょう。

『1ぽんと1ぽんで』替え歌　　外国曲　作詞／わだことみ

いっぽんといっぽんで　にほんになって　にほんとにほんで　よんほんになって　さんぽんとさんぽんで　ろっぽんになって

よんほんとよんほんで　はっぽんになって　ごほんとごほんで　じっぽんになって　おばけになっちゃった　ヒュ〜

あそび 35
くじ引きで数字

対象年齢 3・4・5歳児

くじを引いて、くじに書いてある数字を読み、その数字の数だけジャンプします。ジャンプだけでなく、鼻を触る、頭を触るなどルールを最初に決めて、バリエーションをつけましょう。「あたり」が出たら、みんなで拍手！ とても盛り上がります。

準備する物
□ 型紙のコピー　□ 画用紙
型紙あり P.118

準備

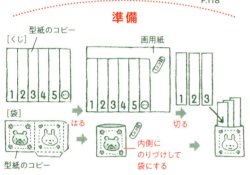

❶ くじは型紙をコピーし、画用紙を裏にはり、切り取る。
❷ 袋を作り、数字が見えないようにくじを入れる。

あそび方

❶ はじめに保育者が「数字のくじだよ！ 先生がやってみるね。1本引くよ」と言って、くじを引いて手本を見せる。
❷ 「5だね」。出た数字を読み、その数だけ、その場でジャンプをする。くじを元に戻す。
❸ 次に子どもがくじを引く。引いた数字を読み、みんなで数字の数だけジャンプする。
❹ 「あたり」が出たら、みんなで「おめでとう〜」と言って拍手する。
❺ ジャンプ以外にも、出た数だけ頭を触ったり鼻を触ったりするのも楽しい。

POINT!

4・5歳児の場合は、くじで引いた数を順に数えてみたり、反対に「5、4、3、2、1」と一緒にカウントダウンしたりしてもよいでしょう。また、年齢に応じてくじを6〜10まで増やしてもよいですね。

数あそび

あそび 36
数字カードであそぼう①

対象年齢 3・4・5歳児

数字カードを作り、子どもたちの数字への興味や反応、認識度などを見ながら、いろいろなあそびを楽しみましょう。

準備する物
- 型紙のコピー
- コピー用紙(A4)

型紙あり　P.119〜120

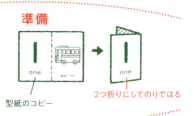

[数字カード]
型紙のコピーを切り取ってそれぞれ半分に折り、2セット用意する。

POINT!
慣れてきたら、数字探しは時間を決め、「よーいドン!」で始めます。制限時間になったら、どの数字をまだ見つけていないか、カードを1から順に並べて考えるとよいでしょう。

数字探し

あそび方
1. 数字カードを使い、保育者が事前に保育室のいろいろな場所に隠す。カードを少し見えるように隠すのがポイント。
2. 保育者が「数字のカードを10枚隠したよ。誰が見つけられるかな?」と言い、合図を出して、子どもたちが数字カードを探す。
3. カードを見つけた子は、自分で数字を言うか、わからない時は保育者に見せ、保育者が言う。全部探しあてたら終了。

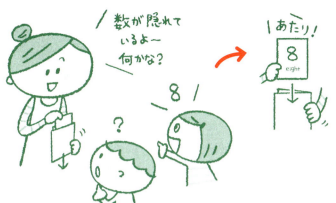

数字、わかるかな？

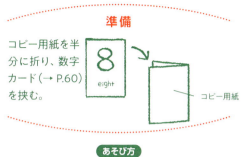

準備

コピー用紙を半分に折り、数字カード（→P.60）を挟む。

コピー用紙

あそび方

数字カードを少しずつずらして一部を見せ、何の数字かをあてる。

数字並べ

あそび方

1. 最初に数字カードを並べ、みんなで言ってみる。
2. 2チームに分かれ、一度カードをばらばらにして、子どもは保育者の「よーいドン！」の合図で、テーブルにランダムに置かれた数字カードを1～10の順番に並べる。チームで協力しながら進める。
3. タイムを測ると盛り上がる。

数あそび

あそび37
数字カードであそぼう②

対象年齢 4・5歳児

[数字カード]
型紙のコピーを切り取ってそれぞれ半分に折り、2セット用意する。

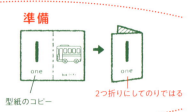

数字カードを使って数字を言ったり、カードに書いてあるイラストのものを数えたり、何がなくなったかをあてるゲームです。

数字を言おう

準備する物
□ 型紙のコピー 型紙あり P.119〜120

あそび方
❶ 保育者は1〜10までの数字カードを、数字を表にして持つ。
❷ 子どもたちにカードを1枚ずつ見せ、子どもは出た数字を言う。

どっちどっちクイズ

あそび方
数字カードを2枚見せて「『7』はどっち？」などと投げかけ、「どっちどっちクイズ」にトライするのも楽しい。

💡 **POINT!**
ほかにも、数字カードのイラスト部分を見せ、いくつあるかを聞き、子どもが答えたら裏にして正解を見せるようにしてもよいでしょう。数字は言えても、ものを正しく数えるのは難しいので、5つ以上のものは保育者も一緒に数えましょう。

何がなくなった？

あそび方

1. 保育者は数字カードを5~7枚、数字を表にして並べる。
2. 子どもは10~15秒間カードを見たあと、目を閉じるか、一度後ろを向く。その間に1枚カードを隠す。
3. どのカードがなくなったかを聞き、あたったらカードを出す。

💡 POINT!

このゲームは、数字カードを1枚増やして「何が増えたかな？」ゲームもできます。また、カードのイラストのほうを用いても同じゲームができます。

数あそび

あそび 38
数字のところへ行こう

対象年齢 3・4・5歳児

床にはられた数字をたどって、「1」「2」「3」と、小さい数字から順番に踏んで進むあそびです。2つに分かれるコースにしたり、タイムを競ったりしても盛り上がります。4・5歳児は数字の大きい順から逆に行ってもよいでしょう。

準備する物
□ マスキングテープ

準備
床に、マスキングテープで数字とコースをはる。

あそび方
1. 保育者は、最初に1～10まで数字を踏んで進み、手本を見せる。
2. 「数字を順番に追っていくコースを作ったよ。一人ずつやってみない？」と誘う。
3. 子どもたちはスタート地点に並び、一人ずつ「1、2、3……」と声に出しながら、順を追って数字を踏んで進んでいく。
4. ゴール地点に着いたら、次の子がスタートする。

💡POINT!
はじめに、「1のところに行くよ！」「3のところに行くよ！」などと言葉かけし、数字のあるところに行きます。4・5歳児は、数字の順番に慣れてきたら、「10、9、8、7……」と、大きい数字からゆっくり進んでみましょう。

点結びを しよう

対象年齢 3・4・5歳児

1から10までを順番に覚えるあそびです。慣れてきたら、「かず」のあそびシートを使って、点結びをしながら数字を言っていきます。

準備する物

- □ あそびシート(人数分と保育者分)
- □ 1～10まで書いた紙(またはボードに書く)
- □ クレヨンやペン(人数分)

あそびシート
P.101、102

あそび方

❶ 最初に、ボードや紙に1～10まで書いて、子どもと一緒に読む。
❷ 慣れてきたら、あそびシート①を全員に配り、保育者がシートを見せながらうさぎなどの点結びを指で行う。
❸ 子どもたちはクレヨンやペンで数字を見ながら点結びをやってみる。
❹ 5歳児の場合は、❶と同様に1～15までボードや紙に書いて、数字を一緒に読み、あそびシート②を行う。

POINT!

あそびシートの点には小さな矢印がついているので、その方向に進みながら数字を読みます。あそびシート①では、うさぎ、ねこ、かに、きょうりゅうが、あそびシート②では、おばけ、モンスター、プリンセスが出てきます。

あそび40
指を入れてあそぼう

対象年齢　3・4・5歳児

紙に穴を開けて、そこから指を入れてあそびます。様々な絵柄に合わせて、指を何本使えば表現できるかなど、数の認識にもつながります。

準備する物
□ 型紙のコピー

型紙あり P.121

あそび方
1. 導入として、保育者は最初に、指を出して1本ずつ数える。子どもたちと声に出しながら数えるとよい。
2. 「1本の指でぞうさんの鼻、パオーン！」などとリズムに合わせて、ぞうの絵から指を1本出して動かす。
3. 同様に、「ラララ、2本足でダンスだよ」などと言い、子どもの絵から指を2本出して動かす。
4. 同様に、「パカパカパカ、おうまさん」などと言い、うまの絵から指を4本出して動かす。
5. 子どもたちも、それぞれやってみる。

準備
1. 型紙をコピーして半分に折り、絵柄に合わせて穴を開ける。
2. 絵に色をつける。

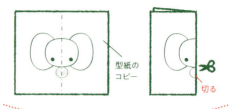

POINT!
最初に保育者が指を1本出して「何本かな？」と聞きながら、1から5までを数えるとよいでしょう。指先に顔を描いた丸シールをはり、指を動かして、あいさつすると盛り上がります。

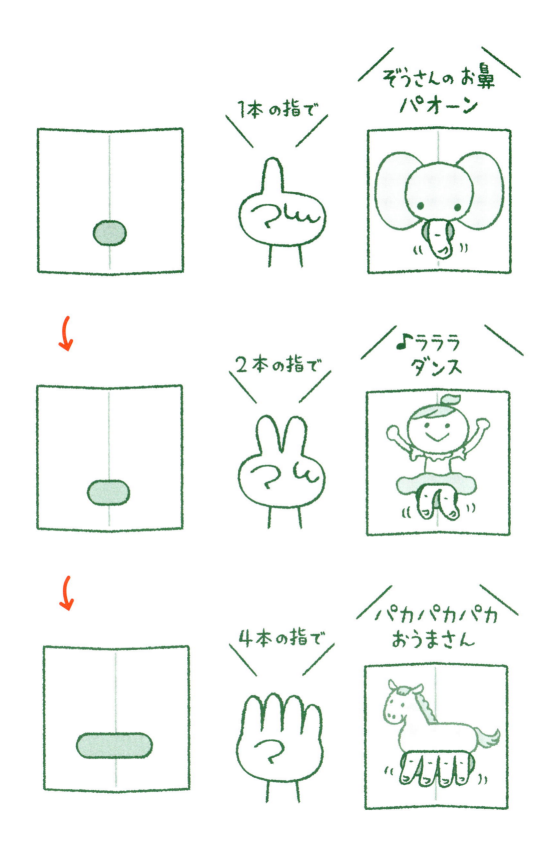

数 あそび

あそび 41
数字を作ろう

対象年齢 3・4・5歳児

ひもやリボンを使って、数字の形を作ります。1本で作れる数字と2本使わないと作れない数字があるので、子どもが数字の形を意識するのにぴったりです。4・5歳児は5以上の大きな数字に挑戦しても。

準備する物
☐ ひも　☐ リボン　☐ 画用紙

あそび方

❶ まずは保育者が「このひもやリボンを使って、好きな数字を作るよ。先生は『3』が好き」などと言って、手本を見せる。ほかの数字の見本も示すと、子どもたちのイメージが膨らむ。

❷ 子どもたちは壁の数字を見ながら、自分の好きな数字を決め、ひもやリボンを使ってやってみる。

❸ 全員できたら、一人ずつ発表してもよい。

数字の形（例）

1 2 3
4 5 6
7 8 9
10

準備
画用紙に数字の一覧を書き、壁などにはる。

💡 POINT!

数字の表をはっておき、「4はこんな形だね。リボンが長いのと短いのがあるね」など、数字の形に意識が向くように促します。活動が終わったら、数字の書き順も教えるとよいですね。ひもやリボンは数や長さを一定にせず、ランダムに多めに用意して、自由に行ってみましょう。

あそび42
大きさ比べ

対象年齢 2・3・4・5歳児

「大小」の概念は、2歳くらいから理解し始めます。自分の体を使う比べっこから始めると、興味をもちやすいです。保育者や友達と比べるのも楽しいです。P.28「ジェスチャーで反対言葉」の導入としても。

準備する物
☐ 画用紙

💡POINT!
比べっこは、日常の中にある身近なものを使うと、子どもにとってわかりやすいです。保育者と子どもの靴下を並べて重ねたり、靴を並べて置いたりして、大きさを比べましょう。

手の比べっこ

あそび方

1. 保育者が、「比べっこしよう！ 〇〇ちゃんの手を見せて！」と言い、子どもと手を合わせる。
2. 画用紙の上に手をのせてなぞり、手形を作って比べっこしても。手形に名前を書き入れると喜ぶ。

足の比べっこ

あそび方

1. 保育者と子どもが向かい合って座り、足の裏をくっつける。
2. 「先生のほうが大きいね」「年長さんは大きいね」「〇〇ちゃんも年長さんになったら、もっと大きい手になるね」などと会話を楽しみ、ものを使った認識あそびに広げていく。

あそび43 長さ比べ

対象年齢 3・4・5歳児

いったい、どちらが長いのか？ 比較して調べるためには、起点を揃えないといけません。そのことに気づけるように援助しながら、あそびを展開しましょう。

準備する物
☐ リボン（色違い・長さ違いを2〜3本）

あそび方
1. 保育者は、まずはリボン2本を、どちらが長いかわからないように丸めたりして並べる。
2. 「どっちが長いと思う？」と尋ねる。子どもの返答を受け、反応を見ながら、「じゃあ、どうやって比べたらいいかな？」と続ける。
3. 子どもたちと試行錯誤しながら、起点を揃えて比べる。このほかにも、靴下やクレヨンの長さ比べなど、身の回りにあるもので比べっこすると楽しい。

💡 POINT!

長さを比べる方法です。リボンやひもなど、丸まったものや曲がったものは、端を揃えてまっすぐにして比べます。発展形として、4本を比較して長い順に置いてみましょう。

観察力や感受性をはぐくむ
「色・形」であそぼう

子どもたちの身の回りには、様々な色や形があります。それらを認識し、世界をより豊かにする力を引き出してくれるあそびを紹介します。

あそび44
カラーボールであそぼう

対象年齢 1・2歳児

カラフルなボールは1・2歳児のお気に入りです。いろいろな色のカラーボールを渡したり、転がしたりしながら色の名前に親しみましょう。

準備する物
□カラーボール
（できるだけ色の数が多いとよい）

あそび方
1. 保育者が子どもたちに向けて、「赤いボールさん、いきま〜す。ころころ……」などと言ってボールを転がす。
2. 子どもがボールを取ったら、「○○ちゃん、赤いボールくださ〜い！」と言って、子どもに持ってくるよう促す。同様に、ほかの色のボールも転がす。水色、オレンジ色、紫色など、少し認識が難しい色にもチャレンジする。
3. 収納箱などに片づける時も、「赤いボールさん、おうちに帰りますね」と言うと、色を意識できる。

💡 POINT!
0・1・2歳児の場合は、まだ色の名前がわからないので、好きなあそびの中に色の要素を入れるとよいでしょう。日常でも言葉かけをする時に、「赤い金魚だね」など、色の名前を入れましょう。

あそび45
塗り絵で色を覚えよう

対象年齢 2・3・4・5歳児

塗り絵をしながら、色を覚えるあそびです。最初にクレヨンを使って、色の名前を確認してから塗り絵をしましょう。

準備する物
- □ あそびシート(人数分と保育者の分)
- □ クレヨン(人数分)

あそびシート
P.103

あそび方

❶ 子どもたちはそれぞれ自分のクレヨンを持つ。保育者が「みんなはどんな色が好き?」と聞く。

❷ 例えば、子どもが「赤」と言ったら、「赤は何があるかな?」と聞き、子どもは赤いものをイメージして言う。同様に、ほかの色でも聞いてみる。

❸ 次に、あそびシートを配り、「ひよこは何色かな?」などと問いかけ、塗り絵を楽しむ。見本として、前もって色を塗ったシートを見せておくと伝わりやすい。

💡 POINT!

自然物に青色のものは少ないので、あそびシートでは魚を青としていますが、「魚は緑だよ」「赤だよ」と子どもが言ったら、「緑のお魚や赤のお魚もいるね。よく知っているね!」などとほめましょう。まずは、色に興味をもつことが大切です。

あそび 46
色を探して触ろう

対象年齢 2・3・4・5歳児

保育者が色名を言い、子どもたちが身の回りにその色を見つけてふれる、色触りゲームです。慣れてきたら、子どもたちが色名を言うようにしてもよいでしょう。

準備する物
☐ ブロックや色のついた積み木など

あそび方
❶ 保育者は最初に「先生が言った色を触ってね！ 青色！ よーい、ドン！」と言う。子どもたちは青いものを探してタッチする。
❷ 見つからなかった子どもには、保育者も青いものを見つけて、「青、ここにあったよ」と触るように促す。
❸ 保育室などにあまり色がない時は、ブロックなどを使い、ブロックの色を言って、子どもがブロックを触る。

💡POINT!
活動を始める前に、『どんな色がすき？』（作詞・作曲／坂田 修）を歌いながらそれぞれの色のクレヨンを見せて、色の確認をしてから始めると楽しいです。

あそび 47
形を作ろう

対象年齢 2・3・4・5歳児

保育者が手でいろいろな形を作って子どもに見せる、形の認識あそびです。見るだけなら2歳児から、自分でやってみるなら3歳児から楽しめます。

あそび方

1. 保育者がリズムをつけて、テンポよく歌いながら手で形を作り、子どもに見せる。
2. 3・4・5歳児の場合は、保育者と一緒にゆっくりやってみる。
3. 子どもが慣れてきたら、最後に保育者が、「さんかくは、おにぎり、もぐもぐ」「まるは、パンケーキ、もぐもぐ」など、形から想像できるものを言うと、子どもの中で具体的なものにつながっていく。

手で作れる形（例）

三角
「さんかく、さんかく、できるかな？」

丸
「まーる、まーる、できるかな？」

四角
「しかく、しかく、できるかな？」

ハート
「ハート、ハート、できるかな？」

ひし形
「ひし形、ひし形、できるかな？」

💡 POINT!

指で丸い形を作ったら、「丸いものは何があるかな？」と聞きます。指で作った形をはっきり認識するためにも、形を紙に描いたり、色画用紙で形を作ったりして、見せるとよいでしょう。

あそび48
色画用紙にタッチ！

対象年齢 3・4・5歳児

色名を言えるようになったら、色の名前を言ったり、言いながら色画用紙にタッチしたりするゲームをしてみましょう。

フラッシュカード

準備する物
☐ フラッシュカード（赤、青、黄色、緑、白、黒、オレンジ、ピンクなどの色画用紙を1/4に切ったもの）

あそび方
フラッシュカードを重ねて持ち、次々に見せて子どもが色の名前を言っていく。

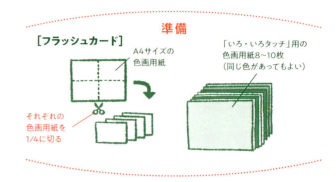

💡 POINT!
色を覚える時に、画用紙だけでなくセロハンや薄いフラワー紙などを用意して、触ったり丸めたりして楽しむとよいでしょう。

いろ・いろタッチ

あそび方

色画用紙を保育室に一列に並べ、スタート地点を決め、色画用紙をタッチして色の名前を大きな声で言う。四つばいで進んだり、おもしろい歩き方をしたりすると盛り上がる。

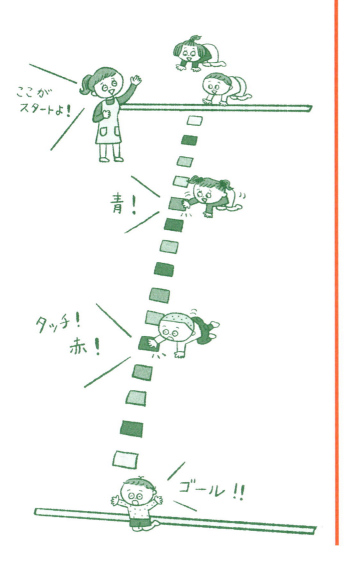

あそび49 色カード取り

対象年齢 3・4・5歳児

色カード取りゲームは、色画用紙のカードをカルタ取りのように並べ、保育者が「青！」と言ったら、子どもたちが青いカードを取ります。同じ色のカードが何枚もあるので、一人が取っても、「まだ青色あるよ」と言葉かけしましょう。

準備する物

☐ フラッシュカード（→P.76）

あそび方

❶ フラッシュカードをテーブルにランダムに置く。
❷ 保育者が「青！」と言い、子どもたちは青いカードを取っていく。
❸ たくさん取れた子の勝ち。ほかの色で繰り返して楽しむ。

あそび50
丸をいっぱい描こう

対象年齢 2・3・4・5歳児

床に白い模造紙を広げ、丸を描いたりお絵描きをしたりしながら形に親しみます。丸をいっぱいつなげたり、大きな丸を描いたり、友達と一緒に描いたりと、机の上でのお絵描きとは違った楽しさがあります。模造紙はすべらないように床にはるとよいでしょう。

準備する物
- 模造紙（2〜4枚）
- クレヨン

あそび方
1. 模造紙をつなげ、床に広げる。つなげなくても端を重ねればOK。最初に保育者が丸を描く。「丸がひとーつは、なーんだ？」と聞き、子どもたちが答える。同様に、丸を描いていく。
2. 子どもが丸を3つ描いてありにすれば、保育者は四角を描いて「四角い角砂糖をどうぞ」と言葉をかけたり、子どもが丸をいっぱい描いて青虫にしたら、保育者はりんごや葉っぱを描いて、「葉っぱもどうぞ」などとやり取りし、話を展開していくと楽しい。

丸でお絵描き（例）

「まるひとつはなーに？」→
「おひさま」「ぶたさん　ブ〜」

「まるふたつはなーに？」→
「めがね」「めがふたつ」

「まるみっつはなーに？」→
「ありさん」「おだんご」

「まるがいっぱいなーに？」→
「あおむしさん」

POINT!

最初に保育者が模造紙に見本の丸を描き、ぶた、あり、青虫などにすると、子どもたちもまねをして積極的にチャレンジします。はじめての活動は、保育者のきっかけ作りがポイントです。きっかけがあれば、子どもたちは自分の世界を広げていきます。

0・1・2歳児の場合は、保育者が大きな丸を描いて「丸の中に入るよ〜、入った〜、出るよ〜！」と抱っこする。子どもは丸の中に入ったり出たりして大喜び。

 色・形あそび

あそび51
形でお絵描き

対象年齢 3・4・5歳児

○△□♡☆の形を使ってお絵描きをします。「いろ・かたち」のあそびシートを使って、形の名前を楽しみながら覚えられます。

準備する物
- □ あそびシート（人数分と保育者の分）
- □ ホワイトボード
- □ マーカー（ホワイトボード用）
- □ クレヨン（人数分）

あそびシート
P.104

あそび方
1. あそびシートを配る前に、保育者がホワイトボードなどに、形を使って絵描き歌のように描く。
2. 同様に、ほかの形でもお絵描きする。
3. 子どもたちにあそびシートを配り、「いろいろ形があるね。丸は何になるかな？」などと聞く。
4. 子どもたちはあそびシートの形を使い、好きな絵を描く。子どもが描けない時は目、鼻、口だけ描き込み、「丸さん、にこにこ、星さん、すやすや」などと言葉かけすると、描きやすくなる。

💡POINT!
このページの形を使ったお絵描きはあくまで参考です。保育者自身でもっと楽しいお絵描きを考えてみましょう。また、子どもたちの自由で素晴らしい感性を引き出せるよう、リラックスした雰囲気作りも大切です。

お絵描きの参考（例）

丸に ➡ 星がのって トマトさん

星に ➡ ピッピッピッ、きらきら星

四角 ➡ 角はえて、あし6本でかぶとむし

三角に ➡ のりぺったん、おにぎり

ハートに ➡ まるまるついて、ねずみさん

80

あそび 52
○△□で何作る？

対象年齢 3・4・5歳児

シンプルな形の○△□は、組み合わせるといろいろな形が作れます。形の認識をあそびに取り入れながら、子どもの想像力を広げていきましょう。

準備する物
□ 画用紙

あそび方

❶ 保育者は、○△□をテーブルに並べ、「△と□で、何ができるかな……、はい、できた！なんでしょう？」などと言葉をかける。

❷ 子どもから、「おうち！」などと声があがったら、「あたり！ 今度はみんなで作ってみよう」と言って、○△□を使って形作りを楽しむ。最初は保育者がいくつか例を作ってもよいが、次第に子どもが自由な発想で作るようになる。
発展形として、「丸さん、集まれー」「四角さん、集まれー」など形ごとに集め、形で分類したり、大きさで分類したりしても。

準備
○△□の3種類を、いろいろな色、大小の大きさで10枚ずつ作る。

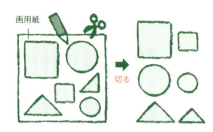

POINT!
形を認識するあそびです。このほかにも、星、ハート、三日月、半円など、いろいろな形でバリエーションを増やします。形に、目、鼻、口なども描き入れると、さらにあそびが広がります。

歌や手あそび、カードで親しむ

「英語」であそぼう

興味をもつきっかけとして、歌や手あそび、動物、食べ物の名前など、子どもたちが日常で耳にする英単語にふれるところから始めてみましょう。

英語あそび

あそび53
アルファベットソングであそぼう

対象年齢 2・3・4・5歳児

アルファベットソングは知っている子も多いでしょう。保育者は、Tシャツやエプロンに書いたアルファベットを指でさしながら、子どもと一緒にゆっくり歌いましょう。

準備する物
☐Tシャツ（無地）　☐エプロン（無地）　☐油性ペン

あそび方

❶ 保育者がTシャツやエプロンのアルファベットを指でさしながら、子どもたちとABC……をZまで言う。
❷「今度はゆっくり歌うよ」などと言って、アルファベットをゆっくり一文字ずつ指でさして歌う。すごくゆっくりにしたり、テンポを速くしたりすると楽しい。ほかにも、アルファベット表を壁にはって指でさしながら歌ってもよい。

準備

無地のTシャツやエプロンにアルファベットを油性ペンで大きめに書く。いろいろな色で書くと、カラフルでかわいい。

💡POINT!

保育者が英語で最後まで歌うのが難しい場合は、最後のパート"♪…Now I know my ABCs. Next time won't you sing with me?"を「♪ABCをおぼえたよ いっしょにうたおう ABC」などと、日本語で自由にアレンジするとよいでしょう。

歌詞

A B C D E F G, H I J K L M N O P, Q R S, T U V, W X, Y and Z.
Now I know my ABCs. Next time won't you sing with me?

あそび54
英語の曲に合わせて手あそび

対象年齢 2・3・4・5歳児

古いイギリスの民謡を元にしたあそび歌「Head, Shoulders, Knees and Toes」に合わせて手あそびをします。インターネットなどの動画検索でも、手あそび動画があるので参考にしてみましょう。

あそび方
1. 歌に合わせて、頭、肩、ひざ、つま先、目、耳、口、鼻を触る。
2. 慣れてきたら、2回目はゆっくり、3回目は速くやると盛り上がる。

💡 POINT!
日本の『あたま、かた、ひざ、ポン』とはメロディーが異なり、違う曲なので注意しましょう。

歌詞

Head, shoulders, knees and toes, knees and toes,
Head, shoulders, knees and toes, knees and toes,
And eyes and ears and mouth and nose,
Head, shoulders, knees and toes, knees and toes.

あそび 55
英語で数の歌をうたおう

対象年齢 2・3・4・5歳児

最初に1~10までの数字を紙に書き、子どもと一緒に英語で数字をかぞえてみましょう。慣れてきたら、「Seven Steps」（アメリカ民謡）を歌って、その場で足踏み。数字を英語で言うだけの歌詞なので、子どもも歌えます。

準備する物
□ コピー用紙（A4・5枚）

あそび方
❶ 数字を書いた紙を壁にはり、保育者が指をさしながら1~10まで英語で数える。
❷ 保育者は子どもたちに「どの数字が好きかな？」と聞き、子どもたちが、好きな数字をタッチする。

💡 POINT！
子どもが英語で言わずに「5！ 4！」などと言った時は、「5だね。Five！ 4はFour！」と子どもの発言をまず肯定して、英語でフォローしましょう。

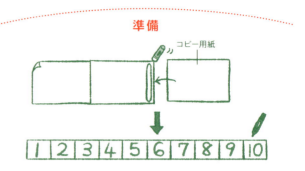

コピー用紙を横長にはり、1~10までの数字を大きく書く。いろいろな色で数字を書くとカラフルになる。

「Seven Steps」を歌おう

あそび方

❶ 保育者が、one～sevenまでを言うのに合わせて、子どもは一緒にその場で足踏みをする。
❷ 慣れてきたら、「Seven Steps」を歌いながら、その場で足踏みしたり歩いたりする。
❸ 曲の途中で、テンポを急に速くしたり、ゆっくりにしたりと、いろいろアレンジすると盛り上がる。

POINT!

「Seven Steps」という数の歌は、インターネットなどでも動画を観られるので、参考にしてみましょう。

足踏みしながらね
One two three....

One two....

歌詞

One two three four five six seven.
One two three four five six seven.
One two three, one two three,
One two three four five six seven.
One two three, one two three,
One two three four five six seven.

あそび56
体や顔のパーツを英語で言おう

対象年齢 2・3・4・5歳児

P.85の「Head, Shoulders, Knees and Toes」を使ったあそびの応用編です。"Head, head, head, head...."と続けて言い、保育者が頭を続けて触り、最後に急に「Nose!」と言って、鼻を触ります。子どもは間違えてそのまま頭を触ってしまったりするので、保育者の言う単語をよく聞いて、間違えずに触るゲームです。

あそび方

① "Head, head, head...."とポンポンと何度も頭を触りながら英語で言う。

② 次に "Ears, ears, ears...." と言ったら、急に "Nose!"と言って鼻を触る。子どもが間違えて、最後も鼻(nose)ではなく耳を触ったら、保育者は「よーく聞いてね！」と促す。同様に、"Mouth!"や"Eyes!"もやってみる。

💡POINT!

4・5歳児の場合は、英語に慣れてきたら「先生は違うところを触るから、みんなはよく聞いて正しいところを触ってね！」"Head, head.....Ears!"と言って、保育者はわざと最後に違う部分を触る。「だまされちゃダメ！ ゲーム」も楽しいです。

88

あそび 57
体を動かして英語で数えよう

対象年齢 2・3・4・5歳児

ジャンプをしたり手をたたいたり、体を動かしながら、英語で1〜10まで言ってみましょう。

あそび方

① 「5回ジャンプ！」"One, two, three, four, five."と英語で回数を言いながら、その場でジャンプをする。
② 次に「7回たたくよ。One, two……six, seven.で手を頭に！」と言いながら手をたたく。最後は手を頭にのせたり、両手を上げたりほおを触ったりすると楽しい。
③ 今度は「片足で立ってね。10まで英語で数えるよ〜」"One, two, three, four……ten."と言って片足立ちになる。

💡 POINT!

体操したり体を動かしたりしながら、1〜10までを英語で数えると、英語が身近になって楽しくなるでしょう。

89

あそび58 ブロックで色の名前を覚えよう

対象年齢 2・3・4・5歳児

カラフルなブロックであそびながら、英語で色を覚えます。色を覚えることを目的とするのではなく、あそびの中に英語を取り入れて楽しみます。

準備する物
☐ ブロックなど（色数が多いもの・ソフトブロックなど）

POINT!

ブロックはレゴのように小さいものがたくさんあった方が活動しやすいです。英語で言う時は1回では覚えられないので、「♪赤はRed, red, red.」と3回くらい言うとよいです。

色を探そう

あそび方
1. 保育者が最初にブロックを使って、英語で色の名前を言う。
2. 部屋の床にブロックをたくさんバラバラに置く。
3. 保育者は再度ブロックを持って色の名前を英語で言い、子どもが同じ色のブロックを探す。これを繰り返す。

色の名前（例）

black（黒）　orange（オレンジ）　red（赤）
yellow（黄）　blue（青）　green（緑）
white（白）

色でつなげよう

あそび方

❶ 床に、ブロックをたくさんバラバラに置く。
❷ 子どもは❶の周りに座り、保育者が「はじめはred（赤）を探してね」など、色の名前を言い、子どもはブロックをつなげていく。"Red！ Yellow！ Blue！"など、ブロックをどんどん高くつなげると楽しい。

英語あそび

あそび59
アルファベットカードであそぼう①

対象年齢 3・4・5歳児

表面が大文字のアルファベット、裏面がそのアルファベットで始まる(X以外)単語のカードを使ってあそびます。いろいろなゲームで、アルファベットと単語に親しみましょう。

準備する物
□ 型紙のコピー
型紙あり P.122〜127

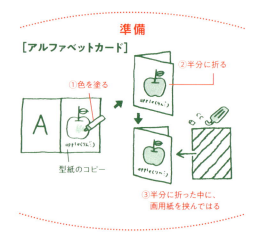

あそび方

1. 最初に、保育者はカードのアルファベットの面を見せ、「覚えてね！ これはA！」と言う。
2. ぱっと裏面にして「Aはapple」と言う。同様にB〜Eまで進め、アルファベットと単語を覚える。
3. 再びAを見せ、「Aは何だった？」と聞く。
4. 子どもが日本語で「りんご！」と言ったら、「そうだね。りんご、appleだね」とフォローする。
5. A〜Eが終わったら、F、G、Hなどを加える。前に行ったカードをおさらいしながら、カードを少しずつ増やす。

💡 POINT!

最初に「Aはapple」とカードの裏面の単語を覚えます。次に「Aのカードの裏は何だったかな？」と質問する記憶力ゲームを行います。Xの場合、「箱はboxだね。Xはboxの中に入っているね」と伝えると、イメージしやすいでしょう。

あそび60
アルファベットカードであそぼう②

対象年齢 3・4・5歳児

カルタ取りのようにアルファベットカードを並べ、保育者がアルファベットを言って子どもが取るゲームです。

準備する物
☐ アルファベットカード（→P.92）

💡POINT!
はじめから全部のカードを並べるのではなく、10枚くらいから始めてみましょう。慣れてきたら、3、4枚ずつ追加していきます。一度子どもが答えられたカードを必ず入れることで自信がつきます。

アルファベットでカード取り

あそび方

❶ 子どもがアルファベットや単語を覚え始めたら、カード取りをする。保育者はカルタのようにカードをアルファベットのほうを表にして10枚ほど並べる。保育者が「Bはどーれだ？」と言って子どもがカードを取る。
❷ 子どもがカードを取ったら、裏面の単語も何と読むか聞いてみる。

単語でカード取り

あそび方

❶ アルファベットと同様に、カードのイラストの面を10枚ほど並べる。
❷ 保育者が「catはどれ？」と単語を言う。子どもがわからない時は「catはねこだね、ニャー」などのサポートをする。
❸ カードを取ったら、その単語のまねをしても楽しい。

あそび61
アルファベットカードであそぼう③

対象年齢 3・4・5歳児

カードに慣れてアルファベットや単語を言えるようになったら、フラッシュカードやカードのあてっこにもチャレンジしましょう。

準備する物
☐ アルファベットカード（→P.92）
☐ カードが入る封筒もしくは画用紙
　（封筒はカードが出しやすいように上部をカットする）

💡 POINT!
カードは一回に全部を使用しないで10枚程度に決めて繰り返し、できたらさらに2、3枚ずつ増やすと、子どもの自信につながります。

フラッシュカード

あそび方①
❶ 保育者は、一番上のアルファベットが子どもたちに見えるようにして、カードを10～15枚重ねて持つ。
❷ 一番前のカードのアルファベットを子どもたちが言う。保育者は次々とカードを抜いていく。

あそび方②
イラストの面にする。同様にカードを抜いて見せ、子どもが順番に単語を言う。

あてっこあそび

あそび方
❶ 封筒の中にカードを6、7枚入れ、手前のカードを1枚少し引っ張る（またはカードの前に画用紙を置いて隠す）。
❷ アルファベットを少しだけ見せ、「何かな？　英語で言えるかな？」と聞きながらカードのあてっこをする。わからない時は、さらに引っ張って見せる。
❸ 単語のイラストの面でもやってみる。

あそび62
アルファベットを探そう

対象年齢 3・4・5歳児

「えいご」のあそびシートを使って、アルファベットを探します。始める前に、ホワイトボードにアルファベットを書くか、アルファベットカード（→P.92）で形を確認しましょう。

準備する物
- □ あそびシート（人数分と保育者分）
- □ ホワイトボード　□ クレヨンなど

あそびシート
P.105

あそび方
1. 保育者は、あそびシートで探すアルファベットをホワイトボードに書く。もしくはアルファベットカードを壁などにはる。
2. みんなでアルファベットを読む。
3. あそびシートを全員に配り、隠れているアルファベットを探しながら、クレヨンなどで丸をつける。

💡 POINT!

まずは保育者が「Aはどこにあるかな？」と言葉かけしながら、あそびシートを見せるとイメージしやすいでしょう。

「もじ」の あそびシート①
この シートを つかう あそび → P.34

ひづけ
なまえ

「ひらがなさがし」

あ、い、う、え、お が はいっている ことばだよ。えの なかに もじを みつけてね！

あり

いぬ

うし

えびふらい

おうさま

か、き、く、け、こ が はいっている ことばだよ。えの なかに もじを みつけてね！

かき

きりん

くり

けむし

こあら

「もじ」の あそびシート②
この シートを つかう あそび→P.34

ひづけ

なまえ

「ひらがなさがし」

さ、し、す、せ、そ が はいっている ことばだよ。えの なかに もじを みつけてね!

さる

しまうま

すいか

せみ

そば

た、ち、つ、て、と が はいっている ことばだよ。えの なかに もじを みつけてね!

たこ

ちょうちょう

つみき

てんとうむし

となかい

「もじ」の あそびシート ③
この シートを つかう あそび ➡ P.34

ひづけ
なまえ

『ひらがなさがし』

な、に、ぬ、ね、の が はいっている ことばだよ。えの なかに もじを みつけてね！

なっとう

にんじん

ぬいぐるみ

ねずみ

のりまき

は、ひ、ふ、へ、ほ が はいっている ことばだよ。えの なかに もじを みつけてね！

はっぱ

ひよこ

ふくろう

へび

ほたる

「もじ」の あそびシート④
この シートを つかう あそび → P.34

ひづけ

なまえ

「ひらがなさがし」

ま、み、む、め、も が はいっている ことばだよ。えの なかに もじを みつけてね！

まめ

みかん

むぎわらぼうし

めだまやき

もも

や、ゆ、よ が はいっている ことばだよ。えの なかに もじを みつけてね！

やぎ

ゆきだるま

よる

「もじ」の あそびシート⑤
この シートを つかう あそび ➜ P.34

ひづけ

なまえ

「ひらがなさがし」

ら、り、る、れ、ろ が はいっている ことばだよ。えの なかに もじを みつけてね！

らくだ

りんご

かえる

れもん

ろうそく

わ、を、ん が はいっている ことばだよ。えの なかに もじを みつけてね！

わに

てを あらう

どんぐり

100

「かず」の あそびシート①
この シートを つかう あそび → P.65

ひづけ

なまえ

「1〜10の てんむすび」

1から10まで じゅんばんに てんを むすんでみよう。
なにが でてくるかな？

101

「かず」の あそびシート②
この シートを つかう あそび → P.65（応用）

ひづけ

なまえ

「1〜15の てんむすび」
1から15まで じゅんばんに てんを むすんでみよう。
なにが でてくるかな？

「いろ・かたち」の あそびシート①
この シートを つかう あそび → P.73

ひづけ

なまえ

「ぬりえで いろを おぼえよう」
くだものや いきものの いろを ぬってみよう。

いちご

ひよこ

かえる

さかな

からす

ぶた

「いろ・かたち」の あそびシート②

この シートを つかう あそび ➜ P.80〜81

ひづけ

なまえ

『なに なるかな?』

それぞれの かたちに えを かいてみよう。

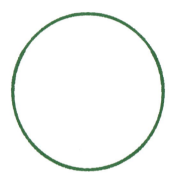

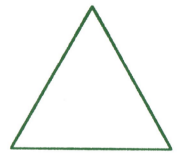

「えいご」の あそびシート
このシートを つかうあそび ➡ P.95

ひづけ

なまえ

「アルファベットを さがそう」

おしろの なかに A、B、C、D、E、F、Gが かくれているよ。
みつけたら まるを つけよう。

105

あそびで使う型紙

このマークがついている製作物の型紙です。
作りたい大きさに合わせて、コピーしてご利用ください。
使いたい大きさを決めてから型紙の倍率を計算すると、無駄なくコピーできます。
「作りたい寸法÷型紙の寸法×100」で、型紙の拡大率を計算することができます。

P.17 指人形であいうえお あいさつ

[丸シールタイプ]

[指にかぶせるタイプ]

●ねこ

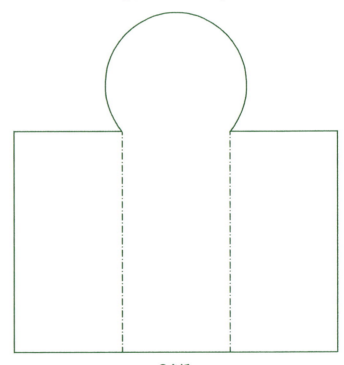

●台紙

●パンダ

P.27 しかけカードで反対言葉

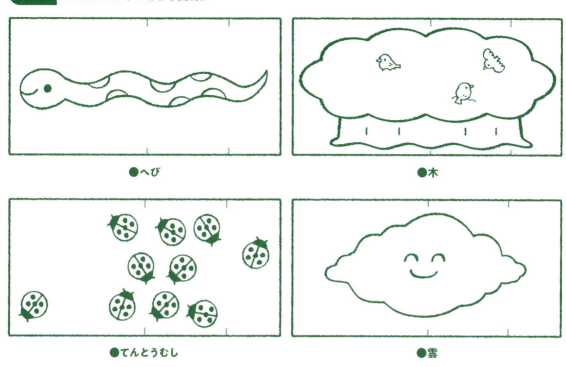

●へび

●木

●てんとうむし

●雲

P.29 しかけであそぼう「い」はなあに?

●いぬ

P.30 あいうえお なあに？

- あひる
- いぬ
- うし
- 煙突
- 王様

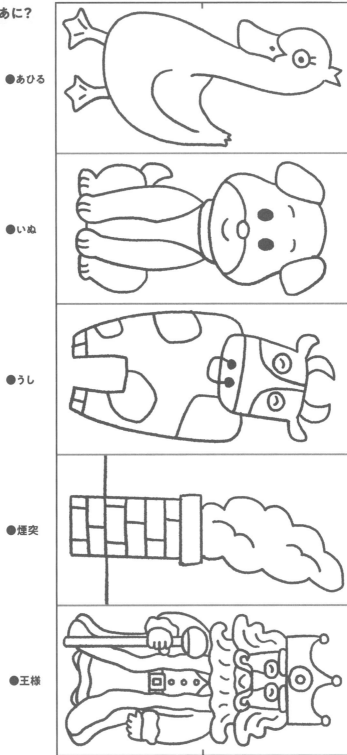

P.32〜33 てんてんつけたら なあに?

P.34 あいうえお・かきくけこを見つけよう！ 「あそびシート」（P.96〜100）のイラストです。

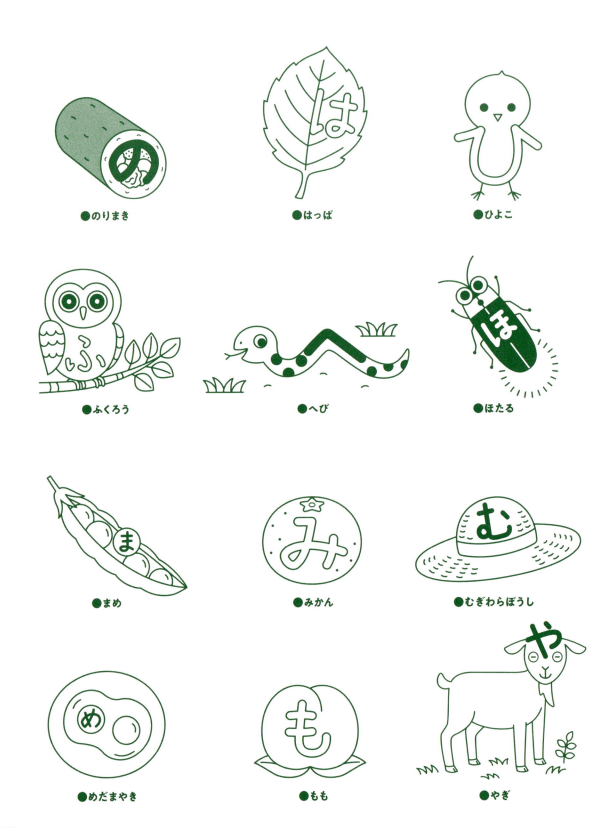

P.38 早口言葉

あかパジャマ　あおパジャマ
きパジャマ

かえるぴょこぴょこ みぴょこぴょこ
あわせてぴょこぴょこ むぴょこぴょこ

となりのきゃくは よく かきくう きゃくだ

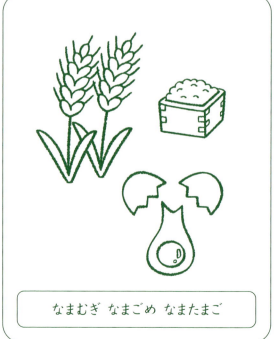

なまむぎ なまごめ なまたまご

P.39 お手紙を書こう

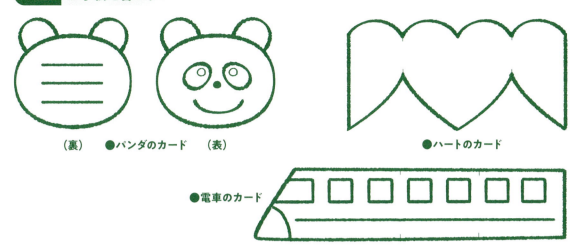

P.40 なぞなぞであそぼ!

いつも かんがえている どうぶつは?

「ほっとけー!」という あまい たべものは?

ばったん!と たおれる むしは?

クリスマスツリーの なかに いる どうぶつは?

すいかの なかに いて、 うみが だいすきな いきものは?

きに のぼって「こらーっ!」と おこっている どうぶつは?

P.41 ぐるぐるしりとりカード

P.48〜49 かえるの歌で数えよう

P.58〜59 くじ引きで数字

●くじ

●袋

P.60〜63 数字カードであそぼう①、②

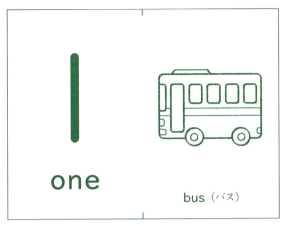
bus（バス）

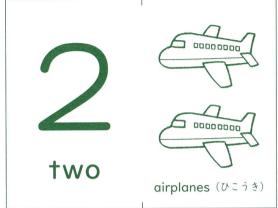
airplanes（ひこうき）

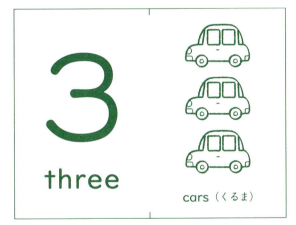
cars（くるま）

elephants（ぞう）

lions（らいおん）

⚠ イラストが複数の場合は、複数形にしています。

rabbits（うさぎ）

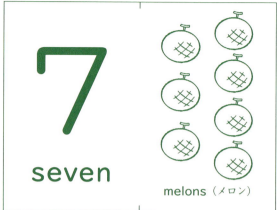
melons（メロン）

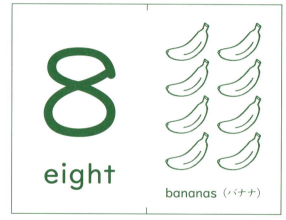
bananas（バナナ）

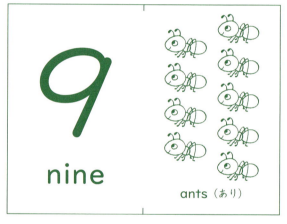
ants（あり）

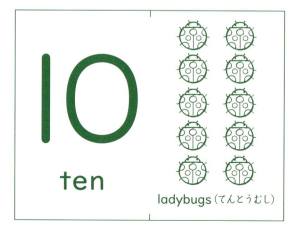
ladybugs（てんとうむし）

P.66〜67 指を入れてあそぼう

●ぞう

●ダンス

●うま

P.92〜94 アルファベットカードであそぼう①、②、③

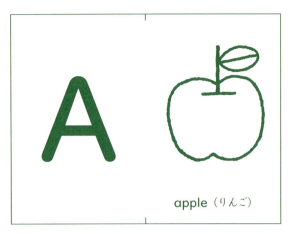
apple（りんご）

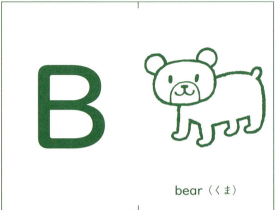
bear（くま）

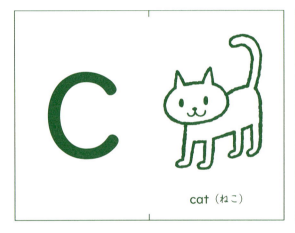
cat（ねこ）

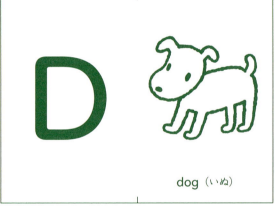
dog（いぬ）

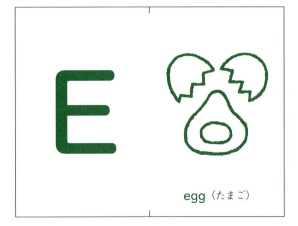
egg（たまご）

F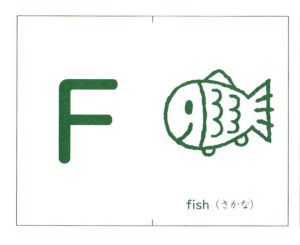
fish (さかな)

G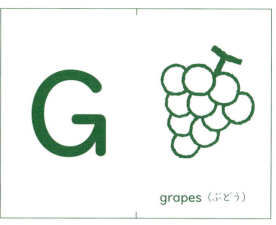
grapes (ぶどう)

H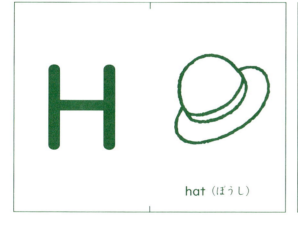
hat (ぼうし)

I
ice cream (アイスクリーム)

J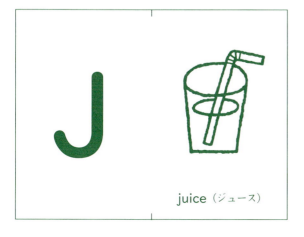
juice (ジュース)

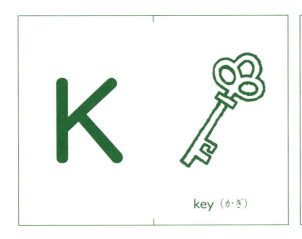

key（かぎ）

lemon（レモン）

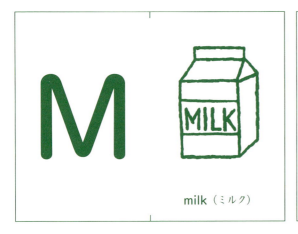

milk（ミルク）

notebook（ノート）

orange（オレンジ）

penguin（ペンギン）

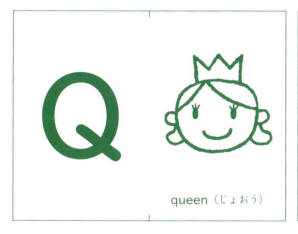
queen（じょおう）

rainbow（にじ）

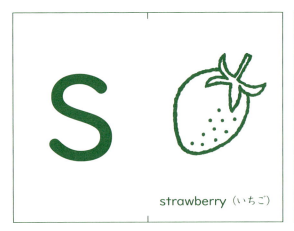
strawberry（いちご）

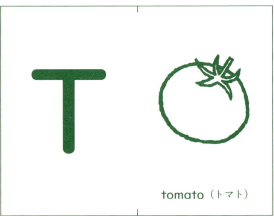
tomato（トマト）

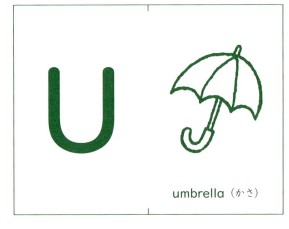
umbrella（かさ）

violin（バイオリン）

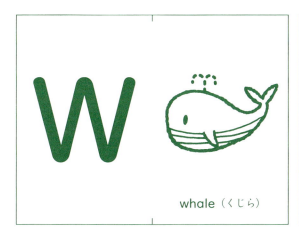
whale（くじら）

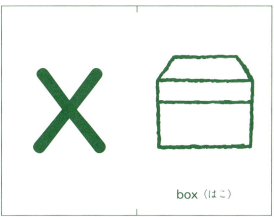
box（はこ）

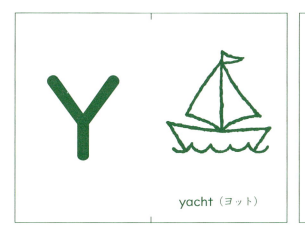
yacht（ヨット）

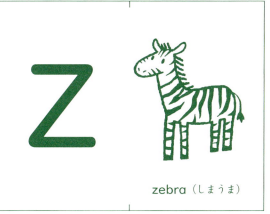
zebra（しまうま）

profile

わだ ことみ

幼児教育研究家、絵本作家。東北大学工学部卒業。塾や幼児教室で幼児から高校生まで長年指導。幼児雑誌の知育ページの連載、アンパンマン、きかんしゃトーマス、トミカ・プラレール、ドラえもんなどの知育ドリル、Gakken 幼児向けワークブックシリーズ、海外向けドリル Play Smart Series、しかけ絵本、音の出る絵本、保育者向け指導書など 400 冊以上を執筆。このほかに、知育映像の構成、知育 DVD の企画、監修、作詞なども行う。2025 年現在、仙台在住。0 歳、1 歳、2 歳、3 歳の 4 人の孫のおばあちゃんとして奮闘中。

Paprika
パプリカブックス

0－5歳児
知的好奇心をはぐくむ！
文字・数あそび

2025 年 2 月 24 日　第 1 刷発行

著　者	わだ ことみ	
発行人	川畑 勝	
編集人	中村 絵理子	
編　集	猿山 智子	
発行所	株式会社 Gakken	
	〒 141-8416	
	東京都品川区西五反田 2-11-8	
印刷所	TOPPAN クロレ株式会社	

© Kotomi Wada 2025 Printed in Japan

JASRAC 出 2410237-401

■本書の無断転載、複製、複写（コピー）、翻訳を禁じます。
■本書を代行業者等の第三者に依頼してスキャンやデジタル化することは、たとえ個人や家庭内の利用であっても、著作権法上、認められておりません。

カバーイラスト ……… 藤井 恵

本文イラスト ………… 有栖さちこ　常永美弥
とみたみはる　中小路ムツヨ
もり谷ゆみ

デザイン …………… 株式会社 chocolate.
（鳥住美和子　高橋明優　尾形舞衣）

浄書 ……………… クラフトーン

校閲 ……………… 株式会社麦秋アートセンター

編集・制作 ………… 株式会社 KANADEL

この本に関する各種お問い合わせ先

●本の内容については、右記サイトのお問い合わせフォームよりお願いします。https://www.corp-gakken.co.jp/contact/
【書店購入の場合】
●在庫については　Tel 03-6431-1250（販売部直通）
●不良品（落丁、乱丁）については　Tel 0570-000577　学研業務センター　〒 354-0045 埼玉県入間郡三芳町上富 279-1
【代理店購入の場合】
●在庫、不良品（落丁、乱丁）については　Tel 03-6431-1165（Gakken SEED）
●上記以外のお問い合わせは　Tel 0570-056-710（学研グループ総合案内）
●学研グループの書籍・雑誌についての新刊情報・詳細情報は、右記をご覧ください。学研出版サイト　https://hon.gakken.jp/